세밀화로 그린 보리 어린이
동물 도감

세밀화로 그린 보리 어린이
동물 도감

글 / 남상호(대전대학교 생물학과 교수), 박시룡(한국교원대학교 생물학과 교수)
　　　유재명(한국해양연구소 책임 연구원), 임현식(목포대학교 해양자원학과 교수), 보리편집부
그림 / 권혁도, 김미혜, 김종도, 윤봉선, 윤종진, 이제호, 이태수, 정태련
감수 / 남상호, 박시룡, 유재명
자문 / 김수일(한국교원대학교 생물교육과 교수), 박인주(중국 헤이룽장성 야생동물연구소 교수)
　　　제종길(한국 해양연구소 책임 연구원), 한상훈(국립공원 연구원 종복원센터 복원팀장)
도와주신 곳 / 이화 여자 대학교 자연사박물관
도와주신 분 / 김수만(한국 생태 사진가 협회 부회장), 윤석준(이화여자대학교 자연사박물관 기술원)

기획 · 자문 / 윤구병(전 충북 대학교 철학과 교수)
초판 · 편집 / 김용란, 심조원, 유현미, 이대경
디자인 / 이안디자인

제작 / 심준엽
영업마케팅 / 심규완, 윤민영
영업관리 / 안명선
새사업부 / 조서연
경영지원실 / 김세정
인쇄 / (주)로얄프로세스
제본 / (주)상지사 P&B

처음 펴낸 날 / 1998년 5월 1일
1판 48쇄 펴낸 날 / 2025년 11월 3일
펴낸이 / 윤구병
펴낸 곳 / (주)도서출판 보리
출판 등록 / 1991년 8월 6일 제 9-279호
주소 / (10881)경기도 파주시 직지길 492
전화 / 영업(031) 955-3535, 편집(031) 950-9542, 전송 (031) 955-3501
누리집 / www.boribook.com, 전자우편 / bori@boribook.com

ⓒ 보리기획, 1998
이 책의 내용을 쓰고자 할 때는 저작권자와 출판사의 허락을 받아야 합니다.
잘못된 책은 바꾸어 드립니다.
값 35,000원

ISBN 978-89-85494-78-6　76490　　978-89-8428-544-6(세트)

제품명 : 도서　제조자명 : (주) 도서출판 보리　주소 : (10881) 경기도 파주시 직지길 492　전화번호 : (031) 955-3535
제조년월 : 2025년 11월　제조국 : 대한민국　사용연령 : 8세 이상　주의사항 : 책의 모서리가 날카로우니 다치지 않게 주의하세요.
KC 마크는 이 제품이 공통안전기준에 적합하였음을 의미합니다.

세밀화로 그린 **보리 어린이**
동물 도감

초등학교 전 학년, 전 과목 교과서에서 뽑은 동물 이야기

글 남상호 외 | 그림 권혁도 외

보리

선생님과 부모님께

  이 책에 실린 세밀화는 대부분 살아 있는 동물을 있는 그대로 보고 그린 것입니다. 곤충이나 물고기같이 작고 흔한 동물은 하나하나 잡아서 들여다보면서 그렸지요. 하지만 멸종된 동물을 그려야 할 때나, 직접 보고 그린 동물이라도 털이나 그 밖의 자세한 묘사를 할 때는 박제를 참고해서 마무리했습니다. 호랑이나 늑대처럼 동물원에서나 볼 수 있는 동물들은 동물원에서 보고 그렸어요. 하지만 갇힌 모습만 보고는 자연에서 살아 있는 느낌을 다 살릴 수가 없었습니다.
  저희가 산과 들을 누비고 다닌 까닭이 여기 있어요. 며칠씩 산을 헤매고 다녀도 살아 있는 동물을 만나기란 여간 어렵지 않았어요. 하지만 눈 위에 찍힌 수달 발자국과 멧돼지가 파 놓은 나무뿌리를 보면서, 또 산이 울리도록 나무를 쪼는 딱따구리 소리를 들으면서 그 동물에 대한 생생한 느낌을 되살릴 수가 있었답니다.
  정성껏 그린 세밀화를 보고 쉽고 재미있는 글을 읽으면서, 저희가 느꼈던 자연의 따뜻함을 아이들이 함께 느꼈으면 좋겠어요. 그래서 살아 있는 동물을 더 아끼고, 함께 어울려 살아야 할 우리 이웃으로 받아들이기를 바랍니다.

머리글

우리와 함께 사는 동물의 세계

우리 둘레에는 어디에나 동물들이 살고 있어요. 땅 위를 꼬물꼬물 기어 다니는 개미, 하늘을 훨훨 날아다니는 까치, 산속을 뛰어다니는 멧토끼, 바닷속을 헤엄쳐 다니는 고등어……. 동물 가운데는 우리가 쉽게 볼 수 있는 것도 있지만, 어지간해서는 만날 수 없는 것도 많지요. 하지만 이 동물들 모두가 우리 어린이들과 함께 사는 친구들이랍니다.

동물들은 저마다 생김새가 다 달라요. 사는 곳도 다르고, 먹이도 다르고, 사는 버릇도 다 다르기 때문이에요. 노루와 호랑이는 같은 젖먹이동물이라도 생김새가 많이 달라요. 노루는 풀을 먹고 살고, 호랑이는 다른 동물을 잡아먹고 살기 때문이에요. 그래서 이빨도, 발톱도, 다리 생김새도 다 다르지요. 그러니까 동물에 대해서 잘 알려면 생김새를 자세히 들여다보는 게 좋아요. 그 동물이 어떤 곳에서, 어떤 먹이를 먹으면서, 어떻게 사는지를 거꾸로 짐작해 볼 수도 있으니까요.

어찌 보면 동물들은 우리 사람보다도 슬기롭다고 할 수 있어요. 사람은 자연을 망가뜨리기도 하지만, 동물은 자연과 어울려 함께 살아가니까요. 그런 뜻에서 동물은 우리 모두의 선생님이라고 할 수 있지요.

이 책에는 초등학교 교과서에 실린 동물 가운데에서 어린이들이 꼭 알아야 할 동물 160가지가 아름다운 세밀화 그림과 함께 실려 있어요. 자, 이제 그림을 자세히 들여다보고, 옆에 있는 글을 읽으면서 살아 있는 동물의 세계로 들어가 보세요.

박시룡/한국교원대학교 생물교육과 교수

일러두기

1. 이 책은 모두 다섯 갈래로 나뉘어 있습니다. 네 갈래는 동물이 사는 곳에 따라서 엮었습니다.
   나머지 한 갈래는 달팽이나 지렁이 같은 작은 동물과 곤충을 한데 모아서 엮었습니다.
   갈래 안에서는 아이들이 쉽게 찾아볼 수 있도록 동물 이름을 가나다 순서로 늘어놓았습니다.

2. 동물에 대해서 아이들이 알아야 할 기초 지식은 책의 앞부분에 따로 모아 두었습니다.

3. 동물 이름은 교과서에 따랐습니다. 《한국동물명집》(한국동물분류학회, 1997),
   《한국곤충명집》(한국곤충학회, 한국응용곤충학회, 1994)과 이름이 뚜렷이 다른 것은
   ( )에 넣어 덧붙였습니다.
   [보기] 물맴이(물매암이), 돌고래(물돼지)

4. 본문 아래 '**분류**'는 《한국동물명집》과 《한국곤충명집》을 따랐습니다.

5. 본문 아래 '**다른이름**'은 《한국방언사전》(최학근, 1994)을 따랐습니다.

6. 그림 아래의 작은 글씨는 언제 어느 곳에서 보고 그렸는지를 표시한 것입니다.
   '자연사박물관'이라고 쓰인 것은 '이화여자대학교 자연사박물관'에 있는 박제를
   참고했다는 뜻입니다.

7. '우리 이름 찾아보기'에서는 동물 이름뿐 아니라 어려운 낱말까지 쉽게 찾아볼 수 있습니다.

8. 맞춤법과 띄어쓰기는 《표준국어대사전》(국립국어원)을 따랐으나, 과명에 사이시옷은
   적용하지 않았습니다.
   [보기] 다람쥣과 → 다람쥐과, 고양잇과 → 고양이과

10. 본문 보기

이름

사는 곳에 따라서 다섯 가지 색깔로 나누었습니다.

취재한 때와 곳

분류, 다른 이름, 사는 곳, 좋아하는 먹이, 한살이나 새끼 따위를 보기 쉽게 따로 묶어 두었습니다.

차례

선생님과 부모님께 4
머리글 5
일러두기 6
저마다 다른 동물의 생김새 10
동물이 자기를 지키는 방법 12
동물의 겨울나기 14
동물의 알 낳기와 새끼치기 16

곤충과 작은 동물

재미있는 곤충의 생김새 20
곤충의 한살이 22
개미 24
거미 26
거위벌레 28
게아재비 30
귀뚜라미 32
꿀벌 34
나방 36
나비 38
날도래 40
노래기 42
노린재 44
누에 46
달팽이 48
등에 50
땅강아지 52
말벌 54
매미 56
메뚜기 58
모기 60
무당벌레 62
물맴이(물매암이) 64
물방개 66
물벼룩 68
물자라 70
물장군 72
바구미 74
바퀴 76
반딧불이 78
방아깨비 80
배추흰나비 82
베짱이 84
벼룩 86
벼멸구 88
사마귀 90
사슴벌레 92
소금쟁이 94
송장벌레 96
송장헤엄치게 98
쇠똥구리(소똥구리) 100
쐐기나방 102
여치 104
이 106
자벌레 108
잠자리 110
장구애비 112
지네 114
지렁이 116
진딧물 118
집게벌레 120
파리 122
풍뎅이 124
하늘소 126
하루살이 128

민물에 사는 동물

물속에 사는 물고기의 생김새 132
가재 134
갈겨니 136
개구리 138
개구리의 한살이 140
금붕어 142
납자루 144
다슬기 146
돌고기 148
두꺼비 150
메기 152
모래무지 154
미꾸라지 156
뱀장어 158
붕어 160
송사리 162
쏘가리 164
악어 166
연어 168
우렁이 170
잉어 172
자라 174
퉁가리 176
플라나리아 178
피라미 180

바다에 사는 동물

바다에 사는 갖가지 동물 184
가자미 186
갈치 188
갯지렁이 190
거북 192

게 194
고등어 196
굴 198
날치 200
다랑어(다랭이) 202
돌고래(물돼지) 204
따개비 206
멍게 208
멸치 210
명태 212
문어 214
물개 216
복어 218
불가사리 220
상어 222
새우 224
성게 226
소라 228
오징어 230
조개 232
조기 234
집게 236
해삼 238
홍어 240
홍합 242

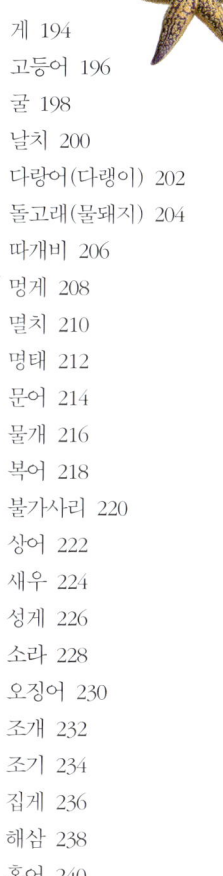

하늘을 나는 새

하늘을 나는 새의 생김새 246
철새와 텃새 248
갈매기 250
공작 252
기러기 254
까마귀 256
까치 258

꾀꼬리 260
꿩 262
닭 264
독수리 266
두루미 268
따오기 270
딱따구리 272
뜸부기 274
매 276
백조(고니) 278
부엉이 280
비둘기 282
뻐꾸기 284
오리 286
올빼미 288
잉꼬(사랑새) 290
제비 292
종다리 294
참새 296
청둥오리 298

땅 위에 사는 동물

젖먹이동물의 특징 302
개 304
고슴도치 306
고양이 308
곰 310
기린 312
너구리 314
노루 316
늑대 318
다람쥐 320
도마뱀 322
돼지 324

두더지 326
말 328
멧돼지 330
박쥐 332
뱀 334
사자 336
산양 338
소 340
수달 342
얼룩말 344
여우 346
염소 348
오소리 350
원숭이 352
족제비 354
쥐 356
코끼리 358
토끼 360
호랑이 362

우리 이름 찾아보기 364

저마다 다른 동물의 생김새

　동물이 지구에서 살기 시작한 것은 아주 오래전 일이에요. 동물은 맨 처음 지구에 나타났을 때부터 지금까지 저마다 살아남기 위해서 애써 왔지요. 먹이를 잡으려고 무리를 짓기도 하고, 때로는 더 나은 곳을 찾아서 옮겨 살기도 했어요. 사는 곳이나 사는 방식에 따라서 긴 세월에 걸쳐 차츰차츰 생김새도 바뀌었답니다.
　동물은 먹이를 얻고 위험을 피하려면 빨리 달려야 합니다. 그래서 동물의 다리는 더 빨리, 더 멀리 달릴 수 있도록 발달했어요. 말이나 노루는 발뒤꿈치가 사라지고 발굽만 남은 동물이에요. 빨리 달리려고 발끝만 쓰다 보니 가운뎃발가락의 발톱이 단단해져서 발굽이 된 것이지요.
　먹이에 따라서도 생김새가 많이 달라요. 같은 새라도 참새처럼 곡식을 쪼아 먹는 새는 부리가 짧고 뭉툭해요. 딱따구리처럼 나무를 파서 벌레를 먹는 새는 부리가 매우 뾰족하지요. 매나 독수리처럼 고기를 먹고 사는 새는 부리가 고기를 찢기에 알맞게 생겼어요.
　사는 곳에 따라서도 생김새가 많이 달라요. 같은 곤충이라도 물속에서 사는 물방개는 뒷다리가 헤엄을 치기 좋게 생겼어요. 하지만 땅속에서 사는 땅강아지는 앞다리가 땅을 파기 좋게 생겼지요. 또 같은 물고기라도 물속 바닥에 납작 엎드려 사는 가자미와 멀리 헤엄쳐 다니는 고등어는 생김새가 많이 다르답니다. 저마다 자기가 사는 곳에 맞게 모습을 바꾸었기 때문이지요.

저마다 다른 젖먹이동물의 생김새

늑대

노루

저마다 다른 곤충의 생김새

사마귀 　　　　　사슴벌레 　　　　　물방개

저마다 다른 물고기의 생김새

고등어 　　　　　가자미 　　　　　복어

저마다 다른 새의 생김새

참새 　　　　　매 　　　　　딱따구리

동물이 자기를 지키는 방법

동물의 세계는 끊임없이 먹고 먹히는 세계입니다. 먹히는 쪽은 제 몸을 지키고 적으로부터 달아나기 위해서 저마다 다른 보호법을 지니고 있지요. 동물들은 어떻게 제 몸을 지킬까요?

몸 빛깔이나 모양이 둘레와 닮아서 적의 눈에 쉽게 띄지 않는 동물이 있어요. 이것을 의태라고 해요. 개구리는 몸 빛깔이 풀숲에 있을 때는 녹색이다가 강가에 있을 때는 돌이나 모래와 같은 갈색으로 바뀌지요. 자벌레는 나뭇가지에 붙어서 몸을 세우고 가만있으면 나뭇가지와 꼭 같습니다. 등에는 벌과 생김새가 닮아서 벌인 척하고 제 몸을 지키지요.

위험을 느끼면 고약한 냄새나 먹물을 뿜어 대는 동물도 있어요. 오징어는 적이 나타나면 시커먼 먹물을 뿜어서 적의 눈을 가리고 달아나지요. 무당벌레는 냄새가 고약한 노란 즙을 뿜어내요. 족제비처럼 구린 냄새를 풍기는 동물도 있어요.

또 죽은 체하거나 꼬리를 끊고 달아나는 동물도 있어요. 너구리는 급하면 몸에 힘을 빼고 죽은 체하지요. 도마뱀은 적이 제 꼬리를 잡으면 꼬리를 끊고 달아나요. 불가사리도 다리를 끊고 달아나는데, 도마뱀이나 불가사리나 끊긴 자리에는 곧 새살이 돋아나요.

가시나 갑옷으로 제 몸을 지키는 동물도 있어요. 고슴도치는 적이 다가오면 몸을 움츠려서 가시를 곤두세우지요. 밤송이처럼 하고 있으면 아무리 사나운 동물도 다가오지 못하니까요. 거북이나 자라는 딱딱한 등딱지가 있어요. 적이 다가오면 몸뚱이를 단단한 등딱지 속에 움츠려 넣지요.

 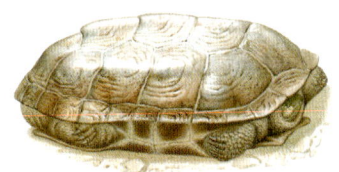

등딱지 속에 몸을 숨긴 남생이

꼬리를 잘라 낸 도마뱀

가시를 곤두세운 고슴도치

나뭇가지와 꼭 닮은 자벌레   집을 만들어 숨은 날도래 애벌레

동물의 겨울나기

계절의 변화는 동물들이 살아가는 데 큰 영향을 미칩니다. 동물이 살기에 가장 힘든 계절은 언제일까요? 땅이 눈과 얼음으로 뒤덮이고 찬 바람이 쌩쌩 부는 겨울이지요. 겨울에는 추워서 먹을거리도 거의 없고 몸을 움직이기도 힘드니까요. 그래서 동물들은 저마다 알맞은 방법으로 겨울을 이겨 낸답니다.

곤충 무리는 알이나 번데기로 겨울을 나는 것이 많아요. 사마귀 알은 어미가 알을 낳을 때 만들어 준 거품집 속에서 지냅니다. 나비나 나방 무리는 번데기로 겨울을 나지요. 알이나 번데기 속에서는 아무리 춥고 먹을 것이 없어도 거뜬히 겨울을 날 수 있어요.

새들 가운데는 따뜻한 곳을 찾아서 멀리까지 날아가는 새들도 있어요. 청둥오리나 고니, 기러기 따위는 시베리아의 추위를 피해서 우리나라로 날아오지요.

겨울잠을 자는 동물도 있어요. 무당벌레는 떼를 지어 바위 밑이나 나무껍질 아래에서 잠을 잡니다. 모여서 잠을 자면 추위를 견디기도 쉽고 봄이 되었을 때 짝을 찾기도 쉽지요. 개구리나 뱀이나 다람쥐는 땅속에다 굴을 파고 겨울잠을 자지요. 땅속은 온도가 쉽게 바뀌지 않고 땅 위보다 따뜻하니까요. 곰도 겨울잠을 자는데, 자다 깨다 하면서 겨울을 납니다.

추위를 피해서 날아온 기러기

고치 속에서 번데기로 겨울을 나는 쐐기나방

알집 속에서 알로 겨울을 나는 사마귀

겨울잠을 자는 두꺼비

털갈이를 하는 멧토끼

모여서 겨울잠을 자는 무당벌레

동물의 겨울나기　15

동물의 알 낳기와 새끼치기

　동물은 모두 대를 잇기 위해서 자손을 남깁니다. 보통 암컷과 수컷이 따로 있어서 서로 만나 짝짓기를 하고 알이나 새끼를 낳지요. 달팽이나 지렁이처럼 암수가 한몸인 동물도 두 마리가 만나서 짝짓기를 해야 알을 낳을 수 있답니다.
　동물들이 짝짓기를 하고 자손을 남기는 방법은 저마다 달라요. 알을 낳는 것도 있고 새끼를 낳는 것도 있으니까요. 똑같이 알을 낳아도 사는 곳에 따라서 알의 생김새나 색깔이나 크기가 다르지요.
　물고기나 개구리처럼 물속에서 사는 동물은 알껍질이 말랑말랑해요. 그런데 뱀이나 새는 물 밖에다 알을 낳기 때문에 알껍질이 단단하지요. 그래서 알 속의 물기가 날아가지 않도록 지킬 수 있어요. 또 뱀은 알을 낳고 가 버리지만 새들은 새끼가 깰 때까지 따뜻하게 품어 주지요.
　다 같은 젖먹이동물이라도 새끼를 낳아서 기르는 방법은 저마다 달라요. 쥐나 고양이는 한 해에도 몇 번씩 새끼를 치고, 한배에 낳는 새끼 수도 많아요. 이런 동물들은 어미 배 속에서 자라는 시간도 짧고, 태어난 뒤에도 빨리 어미 곁을 떠나지요. 그런데 코끼리는 어미 배 속에서만 두 해 가까이 자라지요. 한배에 낳는 새끼도 겨우 한 마리랍니다. 새끼 코끼리는 오랫동안 어미 곁에서 보살핌을 받으면서 자라납니다.

물속에 알을 낳는 개구리

모래 구덩이에 알을 낳는 거북

알을 낳아 품어 주는 참새

알에서 깨어난 병아리

새끼를 낳는 다람쥐

동물의 알 낳기와 새끼치기

곤충과 작은 동물

재미있는 곤충의 생김새

곤충은 지구 위에 살고 있는 동물 가운데 수가 가장 많아요. 풀밭이나 나무나 집 안은 물론이고, 땅속이나 동굴 속에도 살고 있지요. 그뿐 아니라 '이'처럼 사람의 살갗에 붙어 사는 것도 있고, 바구미 애벌레처럼 과일 속에서 사는 것도 있어요. 뜨거운 온천 속에서 사는 곤충도 있다고 해요. 이렇게 곤충은 온 세계에 널리 퍼져서 살아가고 있어요.

얇지만 튼튼한 잠자리 날개

곤충은 날개가 있어서 살 수 있는 곳이 넓어요. 곤충 날개는 얇아 보이지만 날아다니는 데는 문제가 없어요. 도리어 공기의 저항을 적게 받는 좋은 점도 있지요. 또 곤충의 몸무게가 워낙 가벼워서 얇은 날개로도 끄떡없어요.

앞발이 삽처럼 생긴 땅강아지

노처럼 생긴 물방개 뒷다리

곤충은 몸속에 뼈가 없어요. 대신 몸뚱이가 단단한 껍데기로 덮여 있지요. 껍데기는 뼈와 같은 구실을 해요. 몸속의 중요한 내장도 감싸 주지요.

그런데 껍데기는 몸을 지키기에는 좋지만 자라는 데는 방해가 됩니다. 그래서 곤충은 몸이 자라면 낡은 껍데기를 벗어 버리지요. 이것을 허물벗기 또는 탈바꿈이라고 해요. 곤충은 사는 곳이나 먹이에 따라서 생김새가 많이 달라요. 메뚜기는 풀을 씹기에 알맞도록 톱처럼 생긴 큰턱을 갖고 있어요. 배추흰나비는 꿀을 빨아 먹기에 알맞도록 입이 대롱처럼 바뀌었지요. 모기나 빈대처럼 동물의 피를 빠는 곤충은 턱이 침처럼 바뀌어서 살갗을 찌르기에 알맞아요.

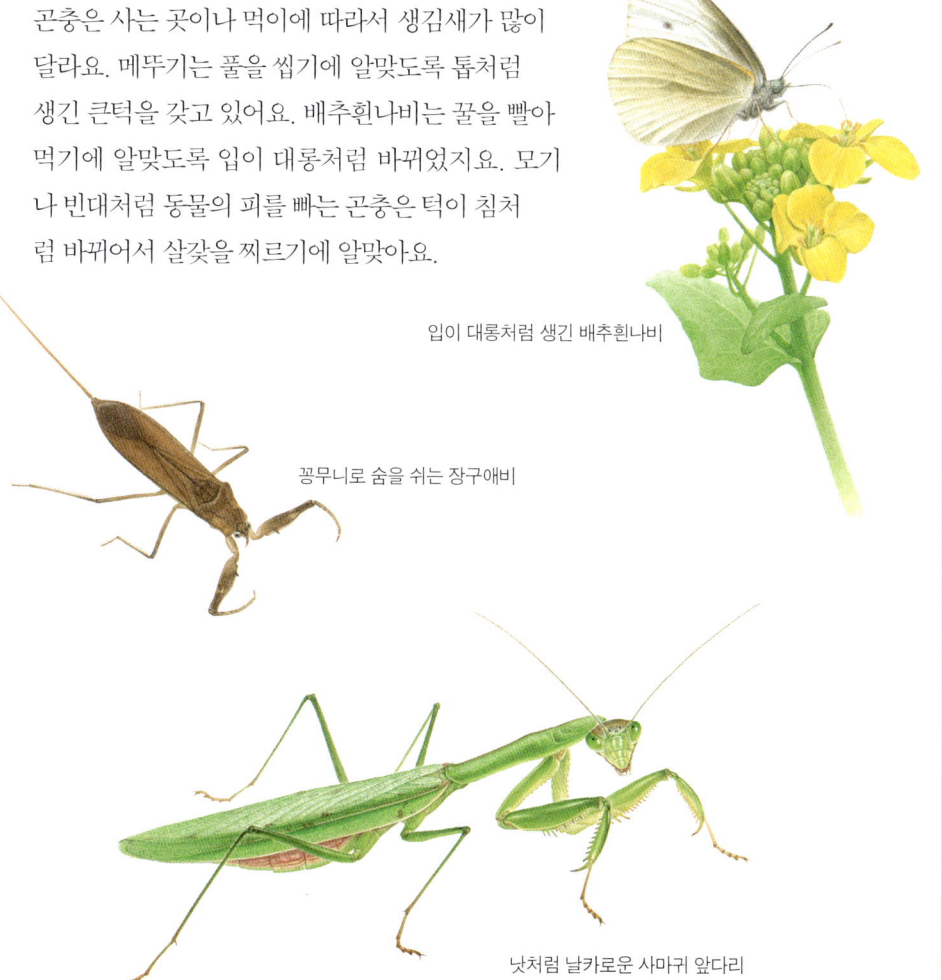

입이 대롱처럼 생긴 배추흰나비

꽁무니로 숨을 쉬는 장구애비

낫처럼 날카로운 사마귀 앞다리

재미있는 곤충의 생김새 21

곤충의 한살이

곤충은 대부분 한 번에 알을 많이 낳아요. 하지만 어른벌레가 될 때까지 살아남는 숫자는 매우 적지요. 메뚜기나 사마귀는 알에서 깨어나 어른벌레가 될 때까지 애벌레로 살아요. 하루살이나 잠자리도 번데기를 거치지 않고 애벌레가 자라서 어른벌레가 된답니다. 하루살이나 잠자리의 애벌레는 물속에서 자라다가 다 자라면 물 밖으로 나와서 날개를 펴고 어른벌레가 되지요. 이런 탈바꿈을 안갖춘탈바꿈이라고 합니다.

나비나 벌이나 파리는 모두 알에서 깨어나 애벌레가 되었다가 번데기를 거쳐 어른벌레가 되지요. 이런 탈바꿈을 갖춘탈바꿈이라고 합니다. 이런 곤충들은 어른벌레가 되면 애벌레 때와 달리 사는 곳이나 먹는 것이 달라지기도 하지요. 번데기 때는 아무것도 먹지 않습니다. 움직이지도 않고 죽은 것처럼 가만히 있어요. 하지만 알고 보면 번데기로 있는 동안 몸 안에서 많은 변화가 일어나지요. 날개가 생기고 입 모양도 바뀐답니다.

곤충이라고 하면 어른벌레만 떠올리기 쉽지만, 애벌레로 있는 시간이 어른벌레로 있는 시간보다 훨씬 깁니다.

3. 껍질을 한 번 벗은 애벌레

2. 알에서 깨어난 흑갈색 애벌레

1. 노랗고 동그란 호랑나비 알

개미

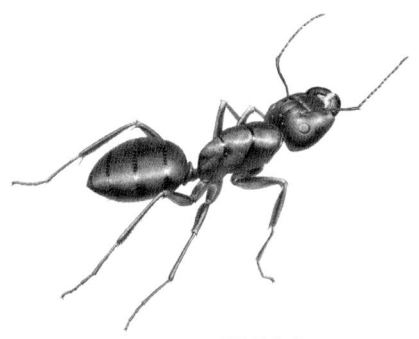

일본왕개미 1993년 8월

개미는 땅속에 집을 짓고 사는 벌 무리의 곤충입니다. 썩은 나무나 바위 밑에 집을 짓기도 하지요. 먹이로는 풀씨나 풀잎, 다른 곤충이나 벌레를 먹고 살아요. 진딧물에게 단물을 얻어먹는 개미도 있지요.

우리나라에는 여러 가지 개미가 살아요. 왕개미, 곰개미, 불개미 따위로 종류가 100가지 가까이 되는데, 모두 똑같이 무리 생활을 한답니다. 먹이도 같이 찾고, 알을 낳고 새끼를 기르는 일도 같이 하지요. 일개미는 먹이를 찾고 알을 돌보는 일을 서로 나누어 해요. 일개미 가운데 병정개미는 다른 개미 무리나 곤충으로부터 무리를 지켜요. 또 여왕개미는 알만 낳습니다. 수개미는 짝짓기만 맡아서 한답니다.

여왕개미는 태어날 때부터 일개미보다 몸집도 크고 날개도 있어요. 여왕개미는 봄이나 여름에 수개미를 거느리고 결혼 비행을 합니다. 수개미 가운데 가장 힘센 개미와 짝짓기를 하지요. 결혼 비행을 하고 나면 수개미들은 모두 떨어져 죽습니다. 여왕개미만 땅으로 내려와서 알을 낳지요.

분류 곤충 벌목 개미과
다른 이름 개아미, 깨미
종류 일본왕개미, 곰개미, 불개미 따위
사는 곳 들이나 산, 집 가까이 어디서나 산다.
좋아하는 먹이 풀씨, 곤충, 버섯 따위
한살이 알-애벌레-번데기-어른벌레

함정을 파고 개미를 잡아먹는 개미귀신 1996년 5월 경기도 가평

거미

호랑거미 1993년 경기도 안성

거미는 '살아 있는 농약'이라고 부를 정도로 사람에게 이로운 벌레입니다. 논이나 밭에서 해충을 잡아먹어 농사에 도움을 주니까요.

흔히 거미를 곤충으로 알기 쉽습니다. 곤충은 몸이 머리, 가슴, 배 세 부분으로 나누어지지만, 거미는 머리가슴과 배 두 부분으로 나누어지지요. 또 곤충과 달리 날개와 더듬이도 없고 다리도 네 쌍이랍니다.

거미는 배 꽁무니에 있는 거미줄돌기에서 거미줄을 뽑아냅니다. 거미줄은 여기저기 옮겨 다닐 때도 쓰고, 집을 지을 때도 쓰고, 알을 싸서 보호할 때도 씁니다. 그물을 치고 그물에 걸린 먹이를 묶어 둘 때도 쓰지요.

거미가 그물을 치는 곳이나 그물 모양은 종류에 따라 다르지요. 왕거미나 호랑거미는 나뭇가지 사이에 그물을 쳐서 벌레를 잡습니다. 어쩌다 그물을 치지 않고 사는 거미 무리도 볼 수 있어요. 늑대거미는 논이나 연못에 모여들거나 물 위에 떨어진 벌레들을 잡아먹고 살지요. 게거미는 꽃에 숨어 있다가 꿀을 빨러 오는 곤충을 먹고 살아요. 거미는 먹이를 잡으면 엄니로 찔러서 독액을 쏩니다. 독액으로 벌레의 몸을 소화하기 좋게 녹여서 껍질만 남을 때까지 빨아 먹어요.

분류 절지동물 거미류
다른 이름 거무
종류 왕거미, 무당 거미, 늑대거미 따위
사는 곳 땅 위, 나무 위, 물속 어디서나 산다.
좋아하는 먹이 나비, 파리, 메뚜기 따위
한살이 알-애벌레-어른벌레

거위벌레

왕거위벌레 1996년 5월 서울 노원구 불암산

거위벌레는 생긴 모습이 매우 재미있습니다. 거위처럼 목을 길게 뽑고 있다고 해서 거위벌레라는 이름이 붙었습니다. 길쭉한 머리 정수리 쪽에는 주둥이가 있는데, 큰턱이 잘 발달해서 가위 구실을 해요.

거위벌레는 보통 밤나무, 상수리나무, 아까시나무, 오리나무 같은 나무의 잎에 알을 낳습니다. 거위벌레가 알을 낳는 방법은 아주 놀랍지요. 짝짓기를 마친 암컷은 잎 가운데 세로로 나 있는 굵은 가운데 잎맥만 남기고 나뭇잎 중간쯤에서부터 가로로 자릅니다. 그리고 반으로 접은 다음, 잎의 끝을 조금 말고 눈곱만 한 알을 한 개만 낳습니다. 그러고는 알을 가운데 두고 잎을 돌돌 말아서 알집을 만들어요. 초여름에 참나무가 많은 산에 가면 나무 아래에 동그랗게 말린 나뭇잎덩이가 떨어져 있는 것을 볼 수 있어요. 이게 바로 거위벌레 알집이에요.

알에서 깨어난 애벌레는 나뭇잎으로 만든 알집을 뜯어 먹고 자라지요. 다 자란 애벌레는 이 알집 속에서 번데기가 되었다가 어른벌레로 자랍니다. 다 자란 거위벌레는 알집에 구멍을 뚫고 밖으로 나옵니다.

분류 곤충 딱정벌레목 거위벌레과
다른 이름 밤바구미, 거우벌레
종류 거위벌레, 왕거위벌레, 사과거위벌레 따위
사는 곳 나무가 많은 숲에 산다.
좋아하는 먹이 밤나무잎, 상수리나무잎, 오리나무잎 따위
한살이 알-애벌레-번데기-어른벌레

게아재비

1995년 9월 경기도 파주

연못이나 웅덩이에서 사는 곤충입니다. 알에서부터 죽을 때까지 평생을 물속에서 살지요. 몸길이는 4~5cm쯤 되는데 몸집이 가늘고 길며 누르스름한 색을 띠고 있어요. 그래서 물풀 사이에 자리를 잡고 가만히 있으면 물풀 같기도 하고 볏짚 같기도 해서 눈에 잘 안 띄지요.

게아재비는 헤엄을 잘 치지 못합니다. 다리가 길고 가늘어서 헤엄치기보다는 기어 다니기를 더 잘 하지요. 가만히 물풀에 숨어 있다가 먹이가 다가오면 사마귀가 먹이를 잡듯이 앞다리로 재빨리 움켜줍니다. 먹이를 잡으면 대롱처럼 생긴 입을 몸에 꽂아서 즙을 빨아 먹습니다.

게아재비는 5월 무렵 물 밑 진흙 속이나 썩은 나무 틈에 알을 낳아요. 알에서 깨어난 애벌레는 번데기를 거치지 않고 어른벌레가 되지요. 애벌레는 어른벌레와 비슷하게 생겼어요. 날개가 없을 뿐이지요. 그런데 숨쉬는 방법은 달라요. 애벌레 때는 아가미로 숨을 쉬지만, 어른벌레가 되면 긴 숨관을 물 위로 내놓고 배의 근육을 오므렸다 폈다 하면서 공기를 들이마십니다.

분류 곤충 노린재목 장구애비과
다른 이름 물사마귀
종류 게아재비, 방게아재비 따위
사는 곳 연못이나 웅덩이에 산다.
좋아하는 먹이 올챙이, 작은 물고기, 물에 사는 곤충
한살이 알-애벌레-어른벌레

귀뚜라미

왕귀뚜라미 1996년 8월 서울 중랑구 망우산

귀뚜라미는 메뚜기 무리에 딸린 곤충입니다. 돌 밑이나 풀뿌리 둘레를 기어 다니면서 풀이나 죽은 벌레를 먹고 살아요. 머리가 둥글고 단단한 데다 몸이 납작해서 흙속으로 쉽게 파고들 수 있어요. 또 헤엄도 잘 치지요.

가을에 '뚜르르르' 하는 울음소리는 수컷이 날개를 비벼서 내는 소리예요. 암컷을 불러들여서 짝짓기를 하고, 다른 수컷에게는 여기는 내 땅이니까 들어오지 말라는 뜻을 전하기 위해서지요. 암컷은 아주 멀리서도 수컷의 울음소리를 듣고 찾아갑니다. 귀뚜라미는 귀가 앞다리에 있어요.

짝짓기를 하고 나면 암컷은 바늘처럼 생긴 대롱을 흙속에다 꽂고 알을 낳아요. 가을에 낳은 알은 그대로 겨울을 나지요. 이듬해 봄이 되면 알에서 애벌레가 깨어납니다. 애벌레는 어린 식물의 싹과 잎을 갉아 먹으면서 자라요. 자라면서 다섯 번쯤 허물을 벗고 8~10월에 어른벌레가 되지요.

귀뚜라미는 밤에만 움직입니다. 많은 사람들이 곱등이를 귀뚜라미로 잘못 알고 있는데, 곱등이는 날개가 없고 울음소리를 내는 곳도 없어요. 평안북도에서는 왕귀뚜라미를 구뚤기라고도 합니다. 평안북도나 경상북도, 강원도에서는 귀뚜라미를 말려서 이질 같은 병에 약으로 쓰기도 한대요.

분류 곤충 메뚜기목 귀뚜라미과
다른 이름 구들배미, 귀뚜리, 기또래미
종류 왕귀뚜라미, 애귀뚜라미 따위
사는 곳 들판이나 집 가까이에 산다.
좋아하는 먹이 풀, 죽은 벌레 따위
한살이 알-애벌레-어른벌레

꿀벌

양봉꿀벌 1993년 9월

우리가 흔히 볼 수 있는 꿀벌은 대부분 서양 꿀벌입니다. 옛날부터 우리나라에 살던 토종 꿀벌은 산속에서 사는데, 서양 꿀벌보다 조금 작고 거무스름한 색깔을 띠고 있습니다.

　이른 봄이 되어 새순이 돋고 꽃이 피기 시작하면 추운 겨울 동안 움츠리고 지냈던 꿀벌들이 붕붕붕 날아다니기 시작합니다. 그동안 모아 두었던 꿀도 겨울 동안 다 먹어 버렸기 때문에 부지런히 꿀을 모아야 해요. 일벌들은 꿀과 꽃가루를 모으려고 바쁘게 날아다닙니다. 여왕벌도 서둘러서 알을 낳기 시작합니다. 먹이가 많은 봄철에 알에서 깨어난 애벌레들은 일벌의 도움으로 쑥쑥 자랍니다.

　봄부터 여름에 걸쳐 꿀벌의 무리는 점점 늘어납니다. 6월쯤에는 벌의 수가 세 배쯤 늘어납니다. 눈이 큰 수펄도 이때 깨어나요. 이렇게 수가 늘어나면 벌 떼가 두 무리로 나뉘어 그 가운데 한 무리는 이사를 합니다. 이것을 분봉이라고 하지요. 새로 여왕벌이 될 애벌레는 로열젤리를 듬뿍 먹으며 자랍니다. 어미 여왕벌은 옛집을 새 여왕벌에게 맡기고 절반쯤 되는 일벌들을 거느리고 새로운 터전을 찾아서 떠납니다. 여름이 지나고 가을꽃이 필 무렵이 되면 일벌들은 열심히 꿀을 저장하기 시작합니다. 그러나 추운 겨울을 보내면서 벌들 가운데 3분의 1쯤은 죽습니다.

분류 곤충 벌목 꿀벌과
다른 이름 벌, 참벌
종류 재래꿀벌, 양봉꿀벌 따위
사는 곳 산과 들에 산다. 기르기도 한다.
좋아하는 먹이 꿀, 꽃가루
한살이 알-애벌레-번데기-어른벌레

호박벌 1995년 8월 서울 능동 어린이대공원

나방

점갈고리박각시 1996년 5월 경기도 남양주

나방은 나비목에 딸린 곤충입니다. 나비처럼 날개와 몸이 비늘로 덮여 있는데, 나비와 달리 밤에 움직이는 것이 많지요. 입은 긴 대롱처럼 생겼습니다. 보통 때는 둥글게 말려 있다가 꿀을 빨아 먹을 때는 길게 펴지요. 과일즙을 빨 때는 대롱처럼 생긴 입을 껍질 속에 찔러 넣기도 해요.

나방은 알에서 깨어나 애벌레가 되었다가 번데기를 거쳐서 어른벌레가 됩니다. 나방 애벌레는 곡식과 채소뿐 아니라 과일나무의 잎이나 줄기나 열매를 갉아 먹고 살아요. 그래서 농작물이나 나무숲에 큰 해를 끼치고 있어요. 흔히 송충이라고 불리는 애벌레는 솔나방의 애벌레입니다. 우리나라에서는 송충이 때문에 1970년대 초까지 적송을 비롯해서 온 산의 소나무가 큰 피해를 입었어요. 또 몸집이 유난히 큰 박각시나방 애벌레는 온갖 식물을 갉아 먹는데, 특히 참깻잎에 피해를 주어 깻망아지라고 부르기도 합니다.

그렇다고 나방이 해만 끼치는 것은 아니에요. 다른 곤충과 새의 먹이가 되기도 하고 다 자라서 어른벌레가 되면 꽃가루받이를 도와주기도 하니까요. 또 비단실을 뽑기 위해 기르는 누에나방이나 참나무산누에나방과 같은 이로운 나방도 있어요.

분류 곤충 나비목
다른 이름 밤나비, 나방이
종류 솔나방, 쐐기나방, 누에나방, 박각시 따위
사는 곳 산과 들에 산다.
좋아하는 먹이 꿀, 꽃가루, 열매즙
한살이 알-애벌레-번데기-어른벌레

나비

산호랑나비 | 1993년 8월

각시멧노랑나비 | 1996년 4월 경기도 남양주 천마산

나비는 사막처럼 식물이 자라지 않는 곳을 빼고 온 세계에 널리 퍼져 사는 곤충입니다. 나비와 나방은 생김새가 비슷하지만 자세히 보면 다릅니다. 나비는 더듬이가 곤봉 모양이고, 나방은 더듬이가 실이나 머리빗이나 깃털처럼 생겼어요. 나비는 날개를 붙여서 접고 앉지만, 나방은 지붕처럼 날개를 펴고 앉아요. 또 나비는 낮에 움직이고, 나방은 밤에 움직이는 것이 많지요.

　나비 애벌레는 종류마다 먹는 풀이 정해져 있어요. 그래서 나비는 애벌레가 잘 먹는 식물을 찾아서 알을 낳지요. 그래서 배추흰나비는 배춧잎에 알을 낳고 호랑나비는 탱자나무에 알을 낳는답니다. 알에서 깨어난 애벌레는 그 식물을 먹고 자라면서 여러 차례 허물을 벗고 번데기가 되었다가 어른벌레가 되지요. 이렇게 애벌레부터 번데기를 거쳐 어른벌레가 되는 것을 갖춘탈바꿈이라고 합니다.

　나비는 앞다리로 맛을 봅니다. 꽃에 앉으면 먼저 꿀이 있는지 앞다리로 맛을 보고 대롱같이 생긴 입을 넣고 꿀을 빨아 먹지요. 꿀을 빨다가 비가 오면 가만히 날개를 접고 앉아서 비가 그치기를 기다려요. 나비의 날개에는 가루가 붙어 있는데, 그 가루 덕분에 날개가 젖지 않습니다. 날개에 닿은 비는 물방울이 되어 굴러 떨어지지요.

분류 곤충 나비목
다른 이름 나뱅이, 나부, 호접
종류 배추흰나비, 노랑나비, 호랑나비 따위
사는 곳 산과 들에 산다.
좋아하는 먹이 꿀, 꽃가루, 열매즙
한살이 알-애벌레-번데기-어른벌레

날도래

띠무늬우묵날도래 애벌레 1995년 11월 경기도 광릉

날도래는 애벌레와 어른벌레가 생김새가 많이 다릅니다. 또 애벌레 때는 물속에서 살지만 어른벌레가 되면 물 밖으로 나오지요. 애벌레는 흐름이 빠른 맑은 개울이나 시냇물 속에서 삽니다. 산골짜기 개울물을 들여다보면 모래 덩어리나 지푸라기 같은 것이 움직이는 것을 볼 수 있어요. 이게 바로 날도래 애벌레가 지은 집입니다. 날도래 애벌레는 몸이 부드럽고 연해서 물고기나 다른 곤충의 먹이가 되기 쉬워요. 그래서 이렇게 모래집을 짓고 연한 살을 숨기고 살지요. 집은 모래나 작은 돌, 나뭇잎이나 나뭇가지 따위를 입에서 토해 낸 실로 엮어 만듭니다. 이 집은 아주 튼튼해서 좀처럼 부서지지 않지요. 애벌레는 물속에서 사는 작은 곤충이나 물풀을 먹고 살아요.

　날도래는 종류에 따라서 짧게는 몇 달, 길게는 1~2년 동안 애벌레로 삽니다. 다 자란 애벌레는 자기가 살던 집 안에 고치를 틀고 번데기가 되지요. 어른벌레가 되면 물 밖으로 나옵니다. 어른벌레는 더듬이와 두 쌍의 커다란 날개를 갖고 있어요. 생김새는 나방과 닮았지만 나방과 같은 비늘은 없고 털이 나 있지요. 짝짓기를 하고 나면 암컷은 물속에다 알을 낳아요. 이렇게 짝짓기를 하고 알을 낳을 때까지 길어야 20일쯤 삽니다.

어른벌레 1997년 10월

분류 곤충 날도래목
다른 이름 풀미끼, 물여우나비
사는 곳 애벌레는 산골짜기나 개울물에 산다.
좋아하는 먹이 애벌레는 곤충과 물풀을 먹는다.
한살이 알-애벌레-번데기-어른벌레

노래기

고운까막노래기 1997년 7월

햇빛이 미치지 않는 축축한 땅이나 바위틈, 낙엽 더미 같은 곳에서 사는 벌레입니다. 여러 마리가 떼를 지어 살기도 하지요. 노래기는 부지런히 움직이는 지네와 달리 좀처럼 몸을 드러내지 않습니다. 또 지네와 달리 튼튼하고 독이 있는 턱도 없지요. 하지만 종류는 지네보다 노래기가 더 많습니다. 우리나라에는 크고 작은 노래기 무리가 30가지가 넘는다고 해요. 노래기는 위험에 맞닥뜨리면 몸을 도르르 말아 버립니다. 고약한 냄새를 풍겨서 자기 몸을 지키기도 하지요.

노래기는 대부분 식물을 먹고 삽니다. 보통 썩기 시작한 잎을 갉아 먹지요. 식물의 어린싹을 씹어 먹거나, 식물의 즙을 빨아 먹는 무리도 더러 있습니다. 짝짓기 철이 되면 암컷은 자기가 눈 똥으로 굴을 만들고 그 속에 알을 낳습니다. 알에서 깨어난 애벌레는 크기는 작아도 생김새는 어미를 꼭 닮았지요.

노래기는 초가집에 많이 살았는데 종종 방 안까지 들어왔어요. 그래서 지붕이나 벽에 노래기를 쫓는 부적을 만들어 붙였다고 해요. 요즘은 초가집이 없어지면서 노래기도 줄어들고 이런 풍습도 사라졌지요.

분류 절지동물 노래기류
다른 이름 노내기, 노랑각시, 사내기
사는 곳 햇빛이 들지 않는 낙엽 더미에 산다.
좋아하는 먹이 어린싹, 썩은 식물
한살이 알-애벌레-어른벌레

노린재

큰허리노린재 1995년 6월 강원도 춘천

곤충들 가운데는 자신을 지키기 위하여 자기만의 무기를 지니고 있는 곤충이 많습니다. 노린재 무리는 가슴에 있는 냄새샘에서 고약한 노린내를 풍겨서 적이 다가오지 못하도록 합니다. 노린내가 난다고 이름도 노린재라고 붙었지요. '노래이'나 '노레이'라고 부르는 곳도 있는데, 모두 노린내가 난다는 뜻을 담고 있답니다. 생김새는 달걀꼴이거나 기다랗게 생긴 것이 많고, 몸은 납작한 편입니다.

우리나라에는 수백 가지 노린재가 살고 있습니다. 풀노린재붙이처럼 초록색인 것도 있고 무당벌레처럼 생긴 무당노린재도 있어요. 대부분 식물의 잎이나 연한 줄기에 바늘처럼 생긴 주둥이를 박고 즙을 빨아 먹지요. 오이 같은 채소 잎에서도 많이 볼 수 있어요. 그래서 농사꾼들은 농작물에 붙어서 즙을 빨아 먹는 노린재를 싫어하지요. 그런데 노린재가 다 해충인 것은 아니에요. 주둥이노린재나 침노린재 따위는 나방 애벌레 같은 해충을 먹고 살기 때문에 농사를 도와주기도 하니까요.

알고 보면 물 위에서 사는 소금쟁이나 물속에서 사는 물장군이나 송장헤엄치게도 노린재와 같은 무리예요. 또 사람이나 짐승의 몸에 붙어서 피를 빨아 먹고 사는 빈대도 노린재 무리의 곤충이랍니다.

분류 곤충 노린재목
다른 이름 노래이, 노레이, 노린재이
종류 알락수염노린재, 비단노린재, 큰허리노린재 따위
사는 곳 들판이나 산에 산다.
좋아하는 먹이 식물 잎, 열매, 곤충
한살이 알-애벌레-어른벌레

누에

1995년 6월 경북 예천

누에는 명주실을 뽑으려고 집에서 기르는 누에나방의 애벌레입니다. 누에라는 이름은 '누워 있는 벌레'라는 뜻을 담고 있어요. 사람이 누에를 기르기 시작한 것은 5,000년쯤 전부터라고 해요. 우리나라에서도 삼한 시대부터 길렀다고 합니다.

누에나방은 알에서 애벌레를 거쳐 번데기가 되었다가 어른벌레가 되는 갖춘탈바꿈을 합니다. 알은 깨알처럼 작고 색깔이 거무스름해요. 알에서 깨어난 애벌레는 뽕나무 잎을 먹으면서 여러 번 허물을 벗고 하얀 애벌레로 자라납니다. 이렇게 허물을 벗는 것을 잠을 잔다고 하는데, 넉잠을 자고 나면 고치를 짓기 시작하지요. 이때쯤 되면 소나무 가지를 올려 주거나 짚이나 종이 따위로 만든 섶을 올려 줍니다. 그러면 섶에 올라가 실을 뿜기 시작합니다. 누에는 고치 속에서 번데기가 되었다가 어른벌레로 자라서 고치를 뚫고 나오지요. 이렇게 알에서 어른벌레로 자랄 때까지는 40일쯤 걸립니다.

누에는 쓸모가 참 많은 곤충입니다. 누에고치에서 뽑은 명주실로는 비단을 짜니까요. 고치 속에 있는 번데기는 삶아서 먹기도 하지요. 또 넉잠을 자고도 고치를 짓지 않는 누에는 당뇨병을 치료하는 약으로 쓴답니다.

분류 곤충 나비목 누에나방과
다른 이름 뽕누에, 누베, 누비, 뉀
사는 곳 집에서 기른다.
좋아하는 먹이 뽕잎
한살이 알-애벌레-번데기-어른벌레

누에나방 1997년 10월 경북 상주

달팽이

1993년 7월

달팽이는 바다에 사는 조개와 같은 무리에 듭니다. 그러니까 달팽이의 조상은 아주 오랜 옛날에는 물속에서 살았다는 얘기지요. 그래서 지금도 몸이 늘 축축해야 살고, 비 오는 날이나 물기가 많은 곳을 좋아합니다. 햇빛이 내리쬐는 낮에는 나무 그늘이나 이끼가 낀 축축한 바위틈에서 껍데기 속에 몸을 집어 넣고 쉽니다.

달팽이는 몸에 뼈가 없고 물렁물렁하기 때문에 단단한 껍데기로 몸을 지키지요. 움직일 때는 껍데기를 등에 진 채 머리와 배를 내밀고 꾸물꾸물 기어갑니다. 배 힘살을 늘였다 줄였다 하면서 기어가는데, 이렇게 배가 발 구실을 하기 때문에 '배다리'라는 뜻으로 '복족'이라고도 하지요. 달팽이는 끈끈한 물을 내뿜으면서 기어 다니기 때문에 울퉁불퉁한 곳을 지날 때도 연한 몸을 다치지 않습니다.

머리에는 더듬이가 두 쌍 있는데 짧은 앞더듬이로는 냄새도 맡고 맛도 봅니다. 긴 뒷더듬이 끝에는 눈이 달려 있지요. 달팽이의 입속에는 혀가 있고, 혀에는 만 개도 넘는 이빨이 촘촘히 박혀 있어요. 혀에 난 이빨이라고 '치설'이라고 합니다. 달팽이는 이 치설로 나뭇잎이나 식물의 어린싹을 갉아 먹고 살지요.

달팽이는 암수가 한몸이지만 두 마리가 만나야 알을 낳을 수 있어요. 짝짓기가 끝나면 축축한 흙속에 둥글고 흰 알을 낳지요.

분류 연체동물
다른 이름 골뱅이, 달파니, 할미고딩이
종류 배꼽달팽이, 참달팽이, 각시달팽이 따위
사는 곳 서늘하고 축축한 풀밭이나 숲속에 산다.
좋아하는 먹이 풀잎, 꽃잎 따위
알 봄에 흙속에 구멍을 파고 50개쯤 낳는다.

등에

왕소등에 1997년 9월

소나 말 같은 털짐승의 살갗에 붙어서 피를 빨아 먹는 곤충입니다. 등에는 파리 무리 가운데에서 날개가 큰 편이고 몸도 튼튼한 편이에요. 머리는 큼직하고 세모꼴에 가깝게 생겼는데 겹눈이 워낙 커서 머리의 대부분을 차지하지요. 특히 주둥이가 칼끝처럼 날카로워서 살갗을 찔러 피를 빨기에 알맞게 생겼습니다. 등에는 암컷이나 수컷 모두 식물의 꿀이나 즙을 빨아 먹고 삽니다. 하지만 알을 낳을 때가 된 암컷은 동물의 피를 빨아 먹지요. 그러니까 소나 말 같은 동물에게 달라붙어서 피를 빨아 먹는 등에는 모두 암컷이에요.

짝짓기를 하고 피를 빨아 먹은 암컷은 진흙이나 물 위에 떠 있는 식물의 잎이나 줄기에 알을 낳습니다. 물속에서 깨어난 애벌레는 장구벌레나 잠자리 애벌레 따위를 잡아먹고 자랍니다. 그러나 진흙 속에 있는 작은 식물을 먹고 자라는 종류도 있습니다. 애벌레는 물가로 나와서 물기가 없는 흙속에서 번데기가 됩니다. 며칠 뒤에 번데기는 어른벌레가 되지요. 등에는 동물뿐 아니라 사람에게도 달려들어 피를 빨고, 때로는 전염병을 옮기기도 합니다. 등에에게 물리면 벌에 쏘인 것처럼 아프고 부어오르다가, 시간이 지나면 가려워지지요.

분류 곤충 파리목
다른 이름 드에, 드이, 딩에파리, 트어
종류 소등에, 왕소등에, 재등에 따위
사는 곳 논밭이나 들판에 산다.
좋아하는 먹이 꿀, 식물즙, 짐승 피 따위
한살이 알-애벌레-번데기-어른벌레

꽃등에 1996년 10월 경기도 의정부

땅강아지

1996년 5월 경기도 남양주

땅강아지는 메뚜기 무리에 딸린 곤충입니다. 땅속에서 살아요. 여름밤에 밭두렁 같은 곳에서 나는 '지익지익' 하는 소리가 바로 땅강아지의 울음소리예요. 땅강아지는 암컷, 수컷 모두 울음소리를 낼 수 있어요. 앞날개에 소리를 내는 곳이 있고 앞다리에는 소리를 듣는 곳이 있지요.

땅강아지는 땅속에 굴을 파고 삽니다. 메마른 땅보다는 눅눅하고 부드러운 땅에 많이 살지요. 앞다리가 짧고 납작한 데다가 갈퀴처럼 생겨서 굴을 파기에 알맞습니다. 두더지처럼 땅도 잘 파고 앞발도 두더지와 비슷하게 생겼어요. 그래서 외국에서는 두더지귀뚜라미라고도 부르지요.

몸에는 가늘고 짧은 털이 덮여 있어서 만지면 부드러운 느낌이 납니다. 등 뒤에는 두 쌍의 날개가 있어서 한여름 밤에는 불빛을 찾아 날아들기도 해요. 땅강아지는 낮에는 숨어 있다가 밤에 많이 움직입니다. 땅속에서 식물의 뿌리나 줄기, 지렁이, 곤충 따위를 먹고 살아요. 또 감자나 당근은 물론이고 조나 수수 따위 농작물이나 소나무나 참나무의 뿌리를 갉아 먹기 때문에 해충이 되기도 합니다. 땅강아지는 깊은 땅속에서 겨울을 나고, 봄이 오면 땅 겉쪽으로 가까이 올라옵니다.

분류 곤충 메뚜기목 땅강아지과
다른 이름 도루래, 하늘밥도둑, 땅개비
사는 곳 축축하고 푸실푸실한 땅속에 산다.
좋아하는 먹이 지렁이, 작은 곤충, 식물 줄기와 뿌리 따위
한살이 알-애벌레-어른벌레

말벌

1996년 6월 서울 노원구 불암산

벌 무리 가운데 가장 강하고 무서운 벌이 바로 말벌입니다. 여기에는 말벌, 장수말벌같이 몸집이 큰 무리도 있지만 땅벌같이 작은 무리도 있습니다. 말벌은 몸매는 가늘어도 매우 튼튼하게 생겼어요. 빛깔은 노란색이나 붉은색 또는 갈색을 띠는데 줄무늬가 있는 것이 많지요. 겹눈이 잘 발달했고, 홑눈을 세 개 가지고 있으며, 큰턱이 잘 발달했습니다.

　말벌은 무리를 이루고 모여 사는 곤충입니다. 한 무리 안에서는 하는 일에 따라서 여왕벌, 수펄, 일벌로 나뉘지요. 꿀벌의 무리처럼 집을 짓거나 먹이를 나르는 일은 일벌이 합니다. 애벌레를 돌보고 외적으로부터 집을 지키는 것도 일벌이 하지요. 숫자도 가장 많아요. 일벌은 빈 나무줄기 속이나 땅속, 절이나 집의 벽 또는 추녀 밑에 벌집을 만듭니다. 잘 발달한 큰턱으로 마른 나무껍질이나 풀 줄기 따위를 뜯어내어 침을 섞어 가면서 잘게 씹습니다. 이것을 뱉어 내어 박처럼 둥그런 집을 만드는데, 이 집은 아주 튼튼한 둥우리가 되지요. 말벌 무리는 공격성이 강해서 곤충을 사냥하여 먹이로 삼습니다. 나뭇진을 먹으려고 상처가 난 나무줄기로 모이기도 하지요. 말벌은 독한 침을 지니고 있어서 쏘이면 아주 아프답니다.

분류 곤충 벌목 말벌과
다른 이름 왕퉁이, 왕벌, 말버리
종류 말벌, 장수말벌, 황말벌, 땅벌 따위
사는 곳 땅 위나 땅속에 집을 짓고 무리 지어 산다.
좋아하는 먹이 곤충, 나뭇진 따위
한살이 알-애벌레-번데기-어른벌레

매미

참매미 | 1996년 8월 서울 중랑구 망우산

여름이 되면 여러 가지 매미소리가 들립니다. '맴맴맴맴맴' 하고 우는 참매미, 한여름에 '찌이' 하고 길게 우는 말매미, 늦은 여름에 '스을스을' 하고 우는 쓰르라미……. 매미에 따라서 소리의 길이나 높낮이가 저마다 다르지요. 우는 때도 달라요. 참매미처럼 아침나절에 잘 우는 것도 있고 털매미처럼 하루 종일 울어 대는 것도 있으니까요. 그런데 매미 가운데 소리를 낼 수 있는 것은 수컷뿐이에요. 수컷은 암컷을 꾀어 짝짓기를 하려고 배에 있는 울음주머니를 울려서 소리를 낸답니다.

짝짓기를 마친 암컷은 배마디 끝에 있는 뾰족한 산란관으로 나무줄기에 알을 낳습니다. 이 알은 이듬해 여름이면 애벌레가 되어 땅속으로 파고 들어갑니다. 땅속에 들어간 애벌레는 대롱처럼 생긴 주둥이를 나무뿌리에 박고 진을 빨아 먹으며 자라지요. 애벌레는 5~6년 동안 땅속에서 자라면서 여러 차례 허물을 벗고 자라납니다. 다 자란 애벌레는 땅 위로 올라와 나무줄기를 타고 올라가서 마지막 허물을 벗고 어른벌레가 된답니다. 매미는 이렇게 오랫동안 땅속에서 살다가 어른벌레가 되고 나면 겨우 보름쯤 살고 죽습니다. 수컷은 짝짓기를 마치고 나면 곧 죽고 말지요. 암컷은 알을 낳고 나면 나무에서 떨어져 죽습니다.

털매미 1996년 7월 서울 노원구 불암산

분류 곤충 매미목 매미과
다른 이름 매래이, 매랭이, 매암, 재
종류 참매미, 말매미, 털매미, 쓰름매미 따위
사는 곳 애벌레는 땅속에 살고, 어른벌레는 나무 위에 산다.
좋아하는 먹이 나무즙, 열매즙
한살이 알-애벌레-어른벌레

메뚜기

벼메뚜기 | 1993년 9월

우리나라에는 50가지가 넘는 메뚜기가 살고 있어요. 가을철 논두렁을 걷다 보면 '후두득후드득' 튀어 달아나는 벼메뚜기나 애메뚜기, 풀무치 따위가 다 메뚜기이지요. 이 밖에도 여치나 귀뚜라미, 땅강아지 따위가 모두 메뚜기 무리에 듭니다. 메뚜기 무리의 수컷은 소리도 낼 수 있습니다. 애메뚜기, 삽사리, 방아깨비, 풀무치 따위는 뒷다리에 있는 톱니로 날개를 비벼서 소리를 냅니다. 소리를 내어 암컷을 부르기도 하고 다른 수컷을 쫓아 버리기도 하지요.

메뚜기는 몸의 빛깔이 사는 곳에 따라 다릅니다. 풀밭에서 사는 메뚜기들은 풀과 비슷한 색깔을 하고 있습니다. 그런데 땅 위에서 사는 메뚜기들은 땅색과 비슷한 갈색이나 누런색을 띠고 있습니다. 이렇게 몸 색깔이 둘레의 색깔과 비슷하면 몸을 숨기기에 좋지요.

메뚜기는 주둥이가 풀잎을 씹기에 알맞습니다. 그래서 볏잎을 비롯한 풀잎을 먹고 살지요. 그래서 메뚜기가 떼로 늘어나면 농작물이나 나무숲에 큰 피해를 주기도 합니다. 특히 벼메뚜기는 벼의 잎이나 줄기를 먹고 살기 때문에 논농사에 크게 해를 입히기도 하지요. 그러나 요즈음은 농약을 많이 뿌려서 옛날만큼 많이 보이지는 않습니다. 그만큼 자연환경이 나빠졌다는 뜻이지요.

분류 곤충 메뚜기목 메뚜기과
다른 이름 매때기, 매뚤기, 매띠
종류 벼메뚜기, 애메뚜기, 등검은메뚜기 따위
사는 곳 논밭이나 풀밭에 산다.
좋아하는 먹이 풀잎
한살이 알-애벌레-어른벌레

모기

빨간집모기 1996년 9월 경기도 파주

여름철에 우리를 괴롭히는 것 가운데 하나가 바로 모기입니다. 모기는 젖먹이동물의 따뜻한 피를 빨아 먹지요. 모기의 주둥이는 주삿바늘처럼 생겼어요. 이 주둥이로 사람이나 동물의 살갗을 뚫고 피를 빨아 먹습니다. 그런데 모기 가운데 피를 빠는 것은 암컷뿐이랍니다. 수컷은 과일즙이나 식물의 즙을 빨아 먹고 삽니다. 모기의 암컷은 살아 있는 동물의 따뜻한 피를 빨아야 알을 낳을 수 있다고 해요.

짝짓기를 마친 모기의 암컷은 고인 물을 찾아 알을 낳습니다. 논이나 연못, 웅덩이나 하수구 같은 곳에 많이 낳지요. 항아리나 통에 받아 놓은 물에도 알을 슬어요. 그러니 모기에 물리지 않으려면 집 둘레에 있는 고인 물을 없애는 것이 좋아요. 알에서 깨어난 모기 애벌레는 장구벌레라고 해요. 장구벌레는 물속에서 번데기로 자랐다가 물 위로 올라와서 날개를 펴고 모기가 되어 날아가지요. 모기는 파리처럼 뒷날개는 퇴화되고 앞날개만 한 쌍 있습니다.

모기가 피를 빨고 나면 몹시 가렵고 살갗이 부어오르지요. 또 피를 빨면서 말라리아나 뇌염 같은 무서운 전염병을 옮기기도 합니다. 특히 늦여름에 많이 나타나는 뇌염 모기는 더욱 조심해야 한답니다.

분류 곤충 파리목 모기과
다른 이름 모개이, 모구
종류 중국얼룩날개모기, 작은빨간집모기, 흰줄숲모기 따위
사는 곳 집 둘레나 풀밭에 산다.
좋아하는 먹이 식물즙, 짐승 피 따위
한살이 알-애벌레-번데기-어른벌레

장구벌레

번데기

무당벌레

겨울잠을 자는 무당벌레 1996년 1월 서울 하계동

1993년 7월

보리 이삭이나 찔레 덤불처럼 진딧물이 잘 꾀는 풀이나 나뭇가지를 보면 무당벌레가 많습니다. 동그스름한 모양에 울긋불긋한 날개 무늬가 참 예쁜 곤충이지요. 화려한 날개 무늬가 무당 옷차림 같다고 무당벌레라는 이름이 붙었답니다.

우리나라에는 여러 종류의 무당벌레가 살고 있는데, 종류마다 크기도 다르고 빛깔이나 무늬도 다릅니다. 붉은 바탕에 검은 점이 있는 것도 있고, 검은 바탕에 붉은 점이 있는 것도 있어요. 점의 수도 두 개인 것부터 스무 개가 넘는 것까지 저마다 다르지요. 이 가운데에서 이십팔점박이무당벌레를 빼고는 모두 진딧물을 잡아먹고 살기 때문에 농사에 매우 이로운 벌레예요. 이십팔점박이무당벌레는 가지나 감자 같은 농작물의 잎을 갉아 먹고 살지요.

풀 위에 있는 무당벌레를 손으로 건드리면 다리를 움츠리고 죽은 시늉을 합니다. 그러고는 고약한 냄새가 나는 누런 즙을 내뿜지요. 이 냄새는 아주 지독해서 적이 가까이 다가오지 못하도록 합니다. 새나 다른 적이 무당벌레를 잡아먹으려다가 이 냄새를 한번 맡으면 다시는 다가가지 않는답니다. 무당벌레는 겨울이 되면 나뭇잎이나 햇빛이 잘 드는 돌 밑에 여러 마리가 함께 모여서 겨울을 보내지요.

분류 곤충 딱정벌레목 무당벌레과
다른 이름 점벌레, 됨박벌레, 됫박벌레
종류 무당벌레, 칠성무당벌레 따위
사는 곳 밭이나 들판에 산다.
좋아하는 먹이 진딧물
한살이 알-애벌레-번데기-어른벌레

물맴이(물매암이)

물 위를 맴도는 물맴이

1996년 10월 경기도 남양주

여름철 도랑이나 물 흐름이 느린 개울물에 작고 검은 곤충들이 쉬지 않고 맴맴 도는 것을 볼 수 있어요. 몸길이는 5mm밖에 안 되는 작은 곤충들이 떼를 지어 제멋대로 물 위를 떠다니지요. 이게 물맴이예요. 물 위에 떠서 빙글빙글 맴을 돈다고 이름도 물맴이라고 붙었대요. 물맴이는 물 위를 바삐 헤엄쳐 다니면서 물에 떨어진 벌레 따위를 먹고 살지요. 물맴이는 가운뎃다리와 뒷다리를 1초에 50번씩이나 움직여서 헤엄을 친다고 해요. 긴 앞다리로는 사냥을 하지요. 우리나라에서 사는 물맴이는 모두 여섯 가지라는데, 모두 이렇게 헤엄을 잘 친답니다.

물맴이는 길쭉한 타원꼴 몸매에 등판은 몹시 굽어 있습니다. 그런데 배 밑은 넓적하고 판판해서 가라앉지 않고 물 위에 쉽게 뜰 수가 있지요. 또 몸에 견주어 다리 길이가 짧아서 앞으로 헤엄치기보다는 빙그르르 돌기에 더 알맞아요. 또 겹눈 네 개가 머리 위아래에 한 쌍씩 붙어 있어서 물 위와 아래를 한꺼번에 볼 수 있습니다. 그래서 적이 오는지 살피면서도 먹이가 어디 있는지 찾을 수 있지요.

물맴이 애벌레는 몸이 긴 원통꼴로 생겼습니다. 애벌레는 물속 밑바닥을 기어 다니면서 작은 곤충의 애벌레를 잡아먹고 삽니다.

분류 곤충 딱정벌레목 물맴이과
다른 이름 물매미, 무당선두리, 헤염벌레, 물무당
종류 물맴이, 긴꼬리물맴이, 왕물맴이 따위
사는 곳 연못이나 개울에 산다.
좋아하는 먹이 다른 곤충
한살이 알-애벌레-번데기-어른벌레

물방개

1995년 9월 경북 예천

물방개는 딱정벌레 무리에 딸린 물속 곤충입니다. 연못이나 도랑 같은 곳에서 살지요. 두껍고 딱딱한 날개로 몸을 감싸고 물속 동물들을 잡아먹는 물속의 사냥꾼이에요. 물방개는 병든 물고기나 죽은 가재뿐 아니라 자기보다 큰 개구리나 물고기도 공격해서 잡아먹을 정도로 힘이 셉니다. 배가 고프면 냄새를 맡으면서 먹이를 찾아다니지요. 먹이를 찾아내면 앞다리로 단단히 붙들고, 날카로운 턱으로 뜯어 먹습니다.

　우리나라에는 50가지가 넘는 물방개가 살고 있습니다. 물방개는 물이 너무 깊은 곳에서는 살 수가 없습니다. 숨을 쉬려면 물 위로 올라와야 하기 때문이지요. 물 위로 올라오면 꽁무니를 물 밖으로 내놓고 숨을 쉰 다음, 딱지날개 밑에 있는 공기주머니에 맑은 공기를 저장해서 다시 물속으로 들어갑니다.

　물방개의 암컷은 이른 여름이 되면 골풀이나 왕골같이 물에서 사는 식물의 줄기를 뚫고 알을 낳습니다. 한 달쯤 지나면 애벌레가 깨어나 어미가 뚫어 놓은 구멍으로 나오지요. 애벌레도 물속에서 살면서 작은 벌레나 물고기를 잡아먹습니다. 다 자란 애벌레는 물가로 나가 진흙을 파고 들어갑니다. 그 속에서 번데기를 거쳐 어른벌레가 되어 밖으로 기어 나오지요.

분류 곤충 딱정벌레목 물방개과
다른 이름 방개, 기름도치, 말선두리, 물강구
종류 깨알물방개, 줄무늬물방개, 물방개 따위
사는 곳 연못이나 도랑에 산다.
좋아하는 먹이 달팽이, 작은 물고기, 물에 사는 곤충
한살이 알-애벌레-번데기-어른벌레

물벼룩

1997년 10월

물벼룩은 연못이나 호수같이 고인 물에서 사는 아주 작은 동물이에요. 해캄 같은 녹색말이나 식물성 플랑크톤을 먹고 사는 동물성 플랑크톤이지요. 물벼룩이라는 이름은 생김새가 벼룩을 닮았다고 붙은 이름입니다. 그렇지만 벼룩과 달리 게나 새우 같은 갑각류에 들지요.

물벼룩은 물속의 생물이 어떻게 먹고 먹히는지 관찰하기에 좋은 자료가 됩니다. 녹색말이 있는 연못 물을 그릇에 담고 물벼룩을 넣어 두면 물이 깨끗해지는 것을 볼 수가 있지요. 물벼룩이 녹색말을 먹어 치우기 때문이에요. 이 물벼룩은 또 송사리나 붕어 같은 물고기의 먹이가 됩니다. 물고기가 싼 똥이나 죽은 시체는 다시 녹색말이나 물풀의 거름이 되지요. 이렇게 생명체들끼리 먹고 먹히면서 생태계를 이루어 나가는 것을 먹이사슬이라고 합니다.

우리나라에는 50가지가 넘는 물벼룩이 살고 있는데, 크기가 워낙 작고 생김새도 비슷해서 구별하기가 쉽지 않습니다. 사는 곳에 따라서도 생김새가 조금씩 다른데, 대체로 몸이 둥글고 몸의 마디는 뚜렷이 드러나지 않습니다. 더듬이는 두 쌍인데 한 쌍은 짧고 다른 한 쌍은 깁니다. 다리는 네 쌍에서 여섯 쌍까지 있는데, 헤엄을 치거나 다른 물체에 붙어서 옮겨 다닐 때 씁니다.

분류 절지동물 갑각류
종류 물벼룩, 큰물벼룩, 긴꼬리물벼룩 따위
사는 곳 연못에 산다.
좋아하는 먹이 녹색말
한살이 알-애벌레-어른벌레

물자라

1995년 9월 경기도 파주

물자라는 노린재 무리에 딸린 곤충입니다. 연못이나 개울에서 살지요. 우리나라에는 물자라, 큰물자라, 각시물자라 세 가지가 사는데 그 가운데 물자라가 가장 흔합니다. 물자라는 입이 바늘처럼 생겼지요. 물속에서 사냥감을 만나면 날카로운 입으로 사냥감을 찌르고 소화액을 뿜어 넣습니다. 사냥감의 몸을 소화액으로 녹인 다음 그 즙을 빨아 먹습니다.

　짝짓기를 마친 암컷은 물속에서 수컷의 등에 알을 낳아요. 물자라의 수컷은 등에 실린 알이 적으면 몸을 흔들어서 암컷에게 더 낳아 달라는 뜻을 나타내지요. 이렇게 수컷이 알을 보호하며 기르는 것은 곤충 가운데 물자라뿐입니다. 알이 자라려면 따뜻한 온도와 맑은 공기가 필요하기 때문에 수컷은 가끔 물 위로 모습을 드러내지요. 애벌레는 수컷의 등에서 깨어나는데 날개가 없는 것 말고는 어른벌레와 꼭 같이 생겼지요. 갓 깨어난 애벌레는 연못 얕은 곳에서 작은 사냥감을 잡아먹고 자랍니다. 다 자란 애벌레는 마지막 허물을 벗고 나서 날개를 가진 어른벌레가 됩니다. 어른벌레가 되면 날개를 펼치고 날아오를 수도 있습니다. 물자라는 추운 겨울이 오면 물에 떨어진 마른 나뭇잎 속을 파고 들어가 겨울을 나지요.

분류 곤충 노린재목 물장군과
다른 이름 알지기, 알지게
종류 물자라, 큰물자라, 각시물자라 따위
사는 곳 연못이나 개울에 산다.
좋아하는 먹이 작은 물고기, 올챙이, 달팽이 따위
한살이 알-애벌레-어른벌레

물장군

1997년 7월

물장군은 연못이나 저수지같이 고인 물에 사는 노린재 무리 곤충 가운데 한 가지입니다. 우리나라에서 사는 노린재 무리 곤충 가운데 가장 몸집이 크지요. 몸은 회갈색이나 갈색을 띠는데, 머리가 몸에 견주어 작습니다. 물장군은 몸집도 크지만 힘도 세고 성질도 사납습니다. 그래서 이름이 물장군이라고 붙었지요. 물장군은 풀을 베는 낫같이 날카로운 앞다리를 가졌습니다. 이 앞다리로 자기보다 몇 배나 큰 동물도 용감하게 움켜쥐고 먹이 사냥을 합니다. 먹이를 잡으면 뾰족한 주둥이로 독액을 뿜어 넣고 즙만 빨아 먹은 뒤에 내버립니다. 물장군의 머릿속에는 한 쌍의 독선이 있어서 독을 만들어 내지요. 이 독을 맞은 물고기나 다른 벌레들은 몸이 뻣뻣해지면서 곧 숨을 거두게 됩니다.

　　짝짓기를 마친 암컷은 이른 여름에 물가에 있는 물풀 줄기에 알을 덩어리로 낳습니다. 수컷은 알을 자기 몸으로 덮어서 적으로부터 지키지요. 수컷은 가끔 물속에 들어가서 몸을 적시거나 입으로 물을 뿜어서 알이 마르지 않도록 돌봅니다. 알에서 깨어난 애벌레는 50일쯤 지나서 어른벌레가 됩니다. 요즈음에는 농약 때문에 물이 더러워져서 점점 수가 줄어들고 있습니다.

분류 곤충 노린재목 물장군과
다른 이름 물짱군, 개아재비
사는 곳 연못이나 늪에 산다.
좋아하는 먹이 물고기, 올챙이, 개구리 따위
한살이 알-애벌레-어른벌레

바구미

쌀을 먹는 쌀바구미

쌀바구미 1997년 7월 경북 청송

바구미는 식물의 열매나 줄기, 뿌리에 구멍을 뚫고 알을 낳습니다. 가늘고 긴 주둥이로 식물의 열매나 줄기 따위를 뚫고 알을 감쪽같이 숨깁니다. 애벌레 때나 어른벌레 때나 모두 농작물이나 식물의 열매 따위를 갉아 먹고 살지요. 우리나라에는 200가지가 넘는 바구미가 살고 있는데, 모두 농사에 큰 해를 끼칩니다. 번식력도 좋아서 1년에 서너 번씩 알을 낳습니다.

쌀 속에 알을 낳는 쌀바구미나 밤벌레 따위가 다 바구미 무리예요. 우리가 밤벌레라고 하는 것은 꿀꿀이바구미의 애벌레이지요. 꿀꿀이바구미는 뾰족뾰족한 밤송이 겉에 붙어서 그 속에 들어 있는 알밤 속살에 알을 낳습니다. 벼물바구미는 벼를 갉아 먹고 살기 때문에, 어른벌레가 되면 논물 속으로 들어가서 벼에다 알을 낳습니다. 알에서 깨어난 애벌레는 벼의 뿌리를 갉아 먹지요. 배자바구미의 어미는 칡 줄기에 상처를 내고 알을 낳습니다. 여기서 깨어난 애벌레는 칡 줄기 속에서 혹을 만들면서 살다가 번데기를 거쳐 어른벌레가 됩니다.

바구미들이 숨겨 놓은 알은 여간해서 쉽게 찾을 수 없어요. 하지만 바구미가 살았던 식물을 잘 살펴보면 아주 작은 상처나 구멍 자국을 발견할 수 있습니다. 이곳이 바로 알을 숨겨 놓은 곳이지요.

분류 곤충 딱정벌레목
다른 이름 바개미, 바구니, 바기미
종류 혹바구미, 배자바구미, 쌀바구미 따위
사는 곳 논밭이나 들판에 산다.
좋아하는 먹이 풀잎, 나무뿌리, 열매, 쌀 따위
한살이 알-애벌레-번데기-어른벌레

배자바구미 1996년 8월 경기도 남양주

바퀴

독일바퀴 1997년 7월 전북 부안

바퀴는 아주 오랜 옛날부터 지구 위에 나타나서 지금까지 살아남았으므로 '살아 있는 화석'이라고 합니다. 우리나라에는 바퀴, 이질바퀴, 집바퀴 따위 일곱 가지가 살고 있습니다. 바퀴는 종류에 따라 날개가 긴 무리, 짧은 무리, 아예 없는 무리가 있지요. 그리고 수컷은 날개가 길지만, 암컷은 어른벌레가 되어도 짧은 날개를 가진 것도 있습니다. 몸은 아주 납작하고 폭이 넓은데 온몸에 기름을 칠한 것처럼 반질거리지요. 주둥이는 씹어 먹기에 알맞게 생겨서 아무거나 가리지 않고 먹습니다.

　　바퀴는 번데기를 거치지 않고 애벌레가 자라서 바로 어른벌레가 됩니다. 짝짓기를 마친 암컷은 꽁무니에 알이 들어 있는 알주머니를 달고 다니지요. 이 속에는 수십 개의 알이 줄을 지어 차곡차곡 들어 있습니다. 여기서 깨어난 애벌레는 날개만 없을 뿐 어른벌레와 비슷하게 생겼습니다. 어른벌레의 수명은 종류에 따라 다른데, 3~4개월에서 1년 넘게 사는 것도 있습니다. 집 안에서 살고 있는 바퀴 무리는 낮에는 하수도같이 어둡고 축축한 곳에 숨어 있다가 밤이 되면 먹이를 찾으러 나다니지요. 이렇게 더러운 곳에서 여러 가지 병균을 지니고 다니기 때문에 사람들에게 전염병을 옮기기 쉽습니다.

분류 곤충 바퀴목
다른 이름 강구, 바꾸, 바쿠, 바퀴벌레, 돈벌레
종류 바퀴, 이질바퀴, 집바퀴 따위
사는 곳 집 안에 산다. 들판이나 산에도 산다.
좋아하는 먹이 아무거나 가리지 않고 먹는다.
한살이 알-애벌레-어른벌레

반딧불이

꽁무니에 불을 밝힌 반딧불이

애반딧불이 1997년 6월 전북 부안

우리나라에는 여덟 가지 반딧불이가 살고 있습니다. 반디, 반딧불, 개똥벌레라고도 부르지요. 반딧불이가 꽁무니에서 깜박이는 불빛은 짝짓기를 하자는 신호입니다. 짝짓기를 마친 암컷은 물가에 있는 나무뿌리나 이끼가 있는 축축한 곳에 알을 낳지요.

반딧불이는 애벌레일 때 물속에서 사는 무리와 땅 위에서 사는 무리로 나눌 수 있습니다. 애반딧불이는 애벌레일 때 물속에서 다슬기를 잡아먹고 살아요. 다 자란 애벌레는 늦은 봄에 땅 위로 올라와서 번데기가 됩니다. 이 번데기는 한 달쯤 지나서 어른벌레가 되는데, 암컷이나 수컷이나 모두 날개가 있어서 날 수가 있습니다.

늦반딧불이는 애벌레일 때 땅 위에서 달팽이를 잡아먹고 삽니다. 늦반딧불이는 늦은 여름에 어른벌레가 나타나기 시작하지요. 늦반딧불이는 우리나라에 사는 반딧불이 가운데 몸집이 가장 크고 불빛도 밝습니다. 이 반딧불이는 수컷만 날개가 있어서 날 수가 있어요. 암컷은 날개가 없어서 땅 위나 풀 줄기 따위에 기어 다니며 불빛을 내어 수컷이 오기를 기다립니다. 그러다 보니 알도 해마다 정해진 곳에다 낳는답니다. 요즘은 시냇물이 더럽혀져서 예전처럼 반딧불이를 많이 볼 수가 없습니다. 참 안타까운 일이지요.

분류 곤충 딱정벌레목 반딧불이과
다른 이름 개똥벌레, 반디, 깨띠벌기
종류 애반딧불이, 늦반딧불이 따위
사는 곳 산골짜기나 맑은 시냇물 가까이 산다.
좋아하는 먹이 애벌레는 다슬기나 달팽이를 먹는다.
한살이 알-애벌레-번데기-어른벌레

방아깨비

1997년 8월 경기도 의정부

방아깨비는 벼나 바랭이, 강아지풀 같은 풀잎을 먹고 사는 메뚜기 무리 곤충입니다. 뒷다리를 잡고 있으면 방아를 찧는 것처럼 몸을 들썩인다고 방아깨비라는 이름이 붙었대요. 방아깨비를 비롯한 메뚜기 무리는 생김새나 빛깔이 풀잎과 비슷한 보호색을 띠는 것이 많습니다. 방아깨비도 좁다란 머리며 긴 더듬이 같은 몸의 생김새가 풀잎을 꼭 닮았습니다. 방아깨비는 이런 몸 생김새 덕분에 풀 위에 꼼짝 않고 앉아 있으면 어디에 있는지 쉽게 알아볼 수 없습니다.

방아깨비의 몸 색깔은 초록색부터 갈색에 이르기까지 여러 가지로 바뀝니다. 앞날개에 누르스름한 선이나 점이 있는 것도 있지요. 방아깨비는 암컷과 수컷이 크기가 많이 다릅니다. 수컷은 45~52mm 정도이지만 암컷은 훨씬 커서 75~82mm나 됩니다. 그래서 짝짓기 하는 방아깨비를 보면 꼭 엄마가 아기를 업고 있는 것처럼 보입니다.

짝짓기를 마친 암컷은 배 끝을 땅속에 묻고 알을 낳습니다. 추운 겨울이 지나고 이듬해 봄이 되면 애벌레가 깨어나지요. 애벌레는 날개가 없을 뿐 모습은 어미와 꼭 닮았습니다. 풀을 뜯어 먹고 살기 때문에 입도 크고 튼튼하게 생겼지요. 다 자란 애벌레는 번데기를 거치지 않고 어른벌레가 된답니다.

분류 곤충 메뚜기목 메뚜기과
다른 이름 방아다리메뚜기, 방아메뚜기
사는 곳 논밭이나 풀밭에 산다.
좋아하는 먹이 볏잎, 바랭이잎 따위
한살이 알-애벌레-어른벌레

배추흰나비

장다리꽃에 앉은 배추흰나비 | 1996년 4월 경기도 남양주

봄이 되면 들판에는 하얀 배추흰나비가 나풀나풀 날아다닙니다. 추운 겨울을 번데기로 보낸 뒤에 갓 날개를 펼친 것들입니다. 배추흰나비는 배추밭이나 무밭에 특히 많아요. 그곳에 알을 낳기 때문이지요. 애벌레가 깨어나면 배춧잎이나 무잎을 갉아 먹고 자랍니다.

배추흰나비는 한 해에 두세 번쯤 알을 낳아요. 짝짓기를 한 암컷은 배춧잎 뒤에 2mm쯤 되는 노르스름한 알을 낳습니다. 이틀쯤 지나면 노랗던 알이 주황색으로 바뀌면서 노란 애벌레가 깨어나지요. 애벌레는 깨어나자마자 먼저 자기가 깨어난 알 껍질을 먹어 버립니다. 그러고는 배춧잎을 갉아 먹기 시작하여 차츰 자라면서 마침내는 초록색 배추벌레가 됩니다. 배추벌레는 배춧잎과 빛깔이 비슷하여 새나 사람의 눈에 잘 안 띄지요. 다 자란 애벌레는 입에서 뽑아낸 실로 몸을 묶어 놓은 뒤에 번데기가 됩니다.

배추흰나비는 자라면서 많은 위험을 겪게 됩니다. 배추벌레는 배추를 갉아 먹는 해충이므로 농부들이 약을 뿌려서 많이 죽이기 때문입니다. 또 쌍살벌이나 노린재 무리들도 배추벌레를 먹이로 삼습니다. 고치벌 무리들은 배추벌레의 몸속에 알을 낳지요. 알에서 깨어난 고치벌의 애벌레는 배추벌레의 몸을 파먹고 자란답니다.

분류 곤충 나비목 흰나비과
다른 이름 흰나비, 배추청벌레
사는 곳 논밭이나 들판에 산다.
좋아하는 먹이 애벌레는 배춧잎이나 무잎을 잘 먹는다.
한살이 알-애벌레-번데기-어른벌레

베짱이

검은다리실베짱이 1996년 8월 경기도 남양주

여름과 가을에 걸쳐서 산과 들에는 베짱이들의 노랫소리가 구성집니다. 땀 흘려 일하던 옛 어른들이 이 소리를 듣고 '개미와 베짱이'라는 이야기를 생각해 냈나 봅니다. 베짱이는 메뚜기 무리에 딸린 곤충입니다. 그 가운데서도 여치와 같은 무리에 들지요. 생김새도 여치와 비슷한데 앞날개 길이가 조금 다릅니다. 여치는 앞날개가 몸길이보다 짧고, 베짱이는 날개가 몸보다 훨씬 길고 날렵한 모습입니다.

베짱이는 낮에 많이 나다니지만 날씨가 더울 때는 밤에도 소리를 냅니다. 왼쪽 앞날개를 오른쪽 앞날개 위에 얹고 이 두 장의 날개를 서로 비벼 대면서 소리를 냅니다. 베짱이 소리는 귀뚜라미나 풀무치에 견주어 진동수가 매우 많은 편이지요. 베짱이도 귀뚜라미나 여치처럼 수컷만 소리를 낼 수 있습니다.

베짱이 무리는 풀 줄기나 나뭇가지 위에서 많이 지냅니다. 어린 애벌레 때에는 풀잎 같은 식물성 먹이를 먹지만 자라면서 다른 벌레를 잡아먹기도 합니다. 짝짓기를 마친 암컷은 긴 칼처럼 생긴 대롱을 땅속에 박고 알을 낳습니다. 추운 겨울을 지내고 이듬해 봄이 되면 어미를 닮은 애벌레가 알에서 깨어 나지요.

분류 곤충 메뚜기목 여치과
다른 이름 베짜개, 베짜이, 찌르러기
종류 풀베짱이, 실베짱이, 여치베짱이 따위
사는 곳 논밭이나 풀밭에 산다.
좋아하는 먹이 풀잎, 다른 곤충의 애벌레 따위
한살이 알-애벌레-어른벌레

벼룩

1997년 11월

벼룩은 날개가 없고 몸이 좌우에서 눌린 것처럼 납작하게 생겼습니다. 그래서 동물의 털 사이나 옷깃 사이같이 좁은 곳도 마음대로 드나들 수 있지요. 벼룩은 암수가 모두 남의 몸에 붙어서 삽니다. 주로 젖먹이동물이나 새의 몸에 붙어서 피를 빨아 먹고 살지요.

암컷은 알을 낳을 때가 되면 붙어 살던 동물의 몸에서 떨어져 나옵니다. 그리고 사는 곳 가까이 흩어져 있는 먼지 뭉치 같은 곳에 알을 낳지요. 알은 희고 동그랗게 생겼는데 겨우 눈에 보일 정도로 작아요. 알에서 깨어난 애벌레는 구더기처럼 생겼는데 방구석이나 마루 틈바구니 같은 데 살아요. 남의 피를 빠는 어른벌레와 달리 먼지나 똥 따위를 먹고 삽니다. 다 자란 애벌레는 고치를 만들고 그 속에서 번데기가 되지요. 고치는 거죽이 끈적끈적해서 모래나 먼지를 뒤집어쓰고 있어서 알아보기가 어렵습니다. 번데기는 1주일 뒤에 어른벌레가 됩니다.

벼룩은 피를 빨아서 동물이나 사람을 괴롭히기도 하지만, 그보다도 무서운 일은 전염병을 옮기는 것이지요. 전쟁 때에 많이 생기는 흑사병, 발진열은 벼룩이 옮기는 아주 위험한 전염병입니다.

분류 곤충 벼룩목
다른 이름 버리디, 베레기, 벼루기
종류 쥐벼룩, 개벼룩, 사람벼룩 따위
사는 곳 짐승이나 새의 몸에 붙어 산다.
좋아하는 먹이 짐승 피
한살이 알-애벌레-번데기-어른벌레

벼멸구

벼에 붙은 벼멸구

1997년 10월 서울 대조동

벼멸구는 크기는 작아도 자세히 보면 매미와 비슷하게 생겼습니다. 몸은 노르스름한 것도 있고 갈색인 것도 있습니다. 날개는 희미한 황갈색 막처럼 보이는데, 길이는 긴 것도 있고 짧은 것도 있습니다. 수가 적어서 먹이를 충분히 먹을 수 있을 때는 날개가 짧은 것들이 생겨나지만, 수가 너무 많아져서 먹이를 제대로 먹지 못하면 날개가 긴 것들이 생겨납니다. 날개가 길어야 먼 곳으로 날아가서 먹이를 찾을 수 있으니까요.

벼멸구는 벼 잎이나 줄기 속에 알을 낳아요. 알에서 깨어난 애벌레는 벼 포기 밑부분에 붙어서 뾰족한 침을 줄기 속에 넣고 즙을 빨아 먹지요. 벼 줄기 속을 빨아 먹으며 자라지요. 벼멸구는 한 해에 알을 서너 번이나 낳기 때문에 빠르게 늘어납니다. 많이 번지면 한 마리가 한 해 동안 만 마리로 늘어나기도 한대요. 하지만 겨울을 나지는 못합니다. 벼멸구는 보통 6~7월부터 동남아시아와 중국으로부터 바람을 타고 날아옵니다. 특히 장마철에는 거센 바람이나 저기압 기류를 타고 떼 지어 날아오지요. 이렇게 날아와서는 가을철에 크게 퍼져서 벼농사에 큰 피해를 줍니다.

벼멸구가 한창일 때는 도시에서도 벼멸구를 볼 수 있어요. 불빛을 좋아해서 밤이 되면 집 안으로 들어오기도 하지요. 불을 밝힌 유리창 밑에 수북이 쌓이는 일도 있습니다.

분류 곤충 매미목 멸구과
다른 이름 멸구, 밤색깡충이, 가을깡충이
종류 벼멸구, 흰등멸구, 애멸구 따위
사는 곳 논이나 풀밭에 산다.
좋아하는 먹이 벼
한살이 알-애벌레-어른벌레

사마귀

왕사마귀 1996년 10월 경기도 남양주

우리나라에는 네 가지 사마귀가 살고 있습니다. 몸 빛깔은 대부분 초록색을 띠는데 사는 곳이나 종류에 따라 갈색을 띠는 것도 있지요. 사마귀는 다른 곤충을 잡아먹고 삽니다. 다른 벌레가 가까이 오면 잽싸게 달려들어 날카로운 앞다리로 움켜잡고 머리부터 뜯어 먹기 시작하지요. 자기보다 힘이 세 보이는 상대를 만나면 덤벼들기에 앞서 날개를 조금 벌리고 고개를 바짝 뒤로 젖히고는 거드름을 피웁니다. 사마귀는 자기보다 큰 벌레도 날개만 남겨 놓고 발톱까지 깨끗이 먹어 치웁니다. 자기들끼리 서로 잡아먹기도 하지요. 짝짓기 하는 동안에 암컷이 수컷을 잡아먹는 수도 있습니다.

사마귀는 가을에 짝짓기를 하고 알을 낳습니다. 알을 낳을 때는 거품을 내서 알집을 만들지요. 알은 따뜻하고 푹신한 알집 속에서 겨울을 나고 이듬해 봄에 애벌레로 깨어나지요. 알집의 모양이나 낳는 곳은 종류에 따라 다릅니다. 왕사마귀는 풀 줄기나 나뭇가지에 공처럼 둥근 알집을 만들지요. 네모진 알집을 만드는 것도 있고, 바위나 구석진 담장 밑에 알집을 만드는 것도 있어요. 애벌레는 깨어나자마자 작은 벌레를 잡아먹고 자라다가 번데기를 거치지 않고 어른벌레가 됩니다.

분류 곤충 사마귀목 사마귀과
다른 이름 버마재비, 사마구, 오줌싸개
종류 사마귀, 왕사마귀, 좀사마귀 따위
사는 곳 풀밭이나 숲에 산다.
좋아하는 먹이 살아 있는 곤충
한살이 알-애벌레-어른벌레

왕사마귀의 알집 1995년 11월 경기도 고양

사슴벌레

톱사슴벌레 1995년 7월 서울 노원구 불암산

여름이 되면 상수리나무나 신갈나무가 우거진 잡목 숲에는 나뭇진이 흘러나오는 나무가 많이 있습니다. 밤이 되면 사슴벌레는 새콤달콤한 나뭇진 냄새를 맡고 모여들지요. 사슴벌레는 털 뭉치처럼 생긴 혀를 나뭇진에 적셔서 빨아 먹습니다.

사슴벌레는 뿔처럼 생긴 커다란 턱을 가지고 있어서 다른 곤충과 쉽게 구별할 수 있습니다. 특히 수컷이 암컷보다 뿔도 크고 몸집도 크지요. 뿔 생김새나 크기는 종류에 따라서 저마다 달라요. 수컷들은 자기들끼리 서로 나무를 차지하려고 싸움을 벌이기도 합니다. 나뭇진을 먹으려고 날아오는 암컷을 서로 차지하려고 그러지요. 싸움에 이겨야 짝짓기를 할 수 있으니까요. 짝짓기를 마친 암컷은 썩어서 축축해진 나무를 찾아서 알을 낳습니다. 알은 노르스름한 흰색인데 2주일쯤 지나면 애벌레가 깨어납니다. 애벌레는 어미가 준비해 둔 썩은 나무를 파먹으면서 굴을 파고 2년 가까이 나무줄기 속에서 보냅니다. 다 자란 애벌레는 나무속에서 번데기방을 만들고 번데기가 되지요. 이 번데기는 연약하지만 어른벌레와 모습이 꼭 닮았습니다. 3주일쯤 지나면 껍질을 벗고 단단한 검정색 어른벌레가 되어 나무 밖으로 기어 나갑니다.

분류 곤충 딱정벌레목 사슴벌레과
다른 이름 집게벌레, 하늘가재
종류 애사슴벌레, 넓적사슴벌레, 톱사슴벌레 따위
사는 곳 나무가 우거진 곳에 산다.
좋아하는 먹이 나뭇진
한살이 알-애벌레-번데기-어른벌레

소금쟁이

물 위를 걸어 다니는 소금쟁이

1995년 6월 경기도 연천

여름철 고인 물이나 연못을 보면 소금쟁이들이 쉴 새 없이 떠돌아다닙니다. 사냥감을 찾기 위해서 그러지요. 소금쟁이는 물에 떨어진 작은 곤충이나 죽은 물고기 따위를 먹고 살아요. 우리나라에는 열네 가지 소금쟁이가 살고 있습니다. 그 가운데 애소금쟁이는 고인 물에 많이 살고, 소금쟁이나 왕소금쟁이 들은 조금씩 흐르는 물에서도 살아요. 또 광대소금쟁이같이 골짜기 물에서만 사는 무리도 있고, 바다소금쟁이같이 강어귀나 바닷가 가까이에서 사는 것도 있습니다.

소금쟁이는 길다란 가운뎃다리가 미는 힘으로 물 위를 떠다닙니다. 다리에는 물을 퉁기는 고운 털이 빽빽이 나 있어서 물에 빠지지 않고 뜰 수가 있답니다. 이렇게 물을 밀어내는 힘을 표면 장력이라고 해요. 뒷다리는 방향을 잡는 구실을 하지요. 앞다리는 짧지만 발목마디에 고운 털이 많아서 물 위에서 몸 앞쪽을 떠받치는 데 쓴답니다.

소금쟁이는 대부분 어른벌레로 겨울을 지냅니다. 알은 한 해에 두세 번 낳는데 애벌레를 거쳐 어른벌레로 자라나지요. 이렇게 번데기를 거치지 않는 것은 소금쟁이 같은 노린재 무리가 지니는 특성이랍니다.

분류 곤충 노린재목
다른 이름 노내각씨, 소금장수, 소금장이, 물거미
종류 소금쟁이, 애소금쟁이, 광대소금쟁이 따위
사는 곳 연못이나 개울에 산다.
좋아하는 먹이 작은 곤충, 죽은 물고기 따위
한살이 알-애벌레-어른벌레

송장벌레

큰넓적송장벌레 1995년 11월 경기도 광릉

송장벌레는 듣기만 해도 소름이 끼치는 험상궂은 이름입니다. 송장벌레는 죽은 짐승 몸뚱이를 땅속에 파묻고 거기에 알을 낳아서 애벌레를 키우는 이상한 버릇이 있어요. 그래서 송장벌레라는 이름이 붙었답니다. 우리나라에는 검정송장벌레, 수중다리송장벌레, 넓적송장벌레 따위 스물아홉 가지가 살고 있습니다. 송장벌레는 대부분 딱지날개의 길이가 몸통보다 짧아요. 그래서 배의 꼬리마디 부분이 거의 드러나지요. 그런데 넓적송장벌레 무리처럼 딱지날개가 커서 배를 완전히 덮는 것도 있어요.

송장벌레는 주로 죽은 동물의 시체를 파먹고 삽니다. 쥐나 새 따위가 죽어서 땅 위에 뒹굴면 어김없이 송장벌레들이 모여듭니다. 먹기도 하고 알도 낳기 위해서예요. 짝짓기 할 때는 이 시체를 땅속에 파묻고 거기에 알을 낳아 애벌레를 기릅니다. 이렇게 시체를 땅속에 파묻어 준다고 자연의 청소부라고 부르기도 해요.

송장벌레는 햇빛을 싫어해서 낮에는 쓰레기 더미 따위에 숨어 있다가 밤이면 움직입니다. 따라서 저녁 무렵에 깡통이나 컵에 썩은 고기를 넣어 땅에 평평하게 묻어 놓으면 쉽게 잡을 수 있습니다.

분류 곤충 딱정벌레목
종류 검정송장벌레, 수중다리송장벌레, 넓적송장벌레 따위
사는 곳 짐승 시체나 똥에 모여든다.
좋아하는 먹이 짐승 시체, 똥
한살이 알-애벌레-번데기-어른벌레

송장헤엄치게

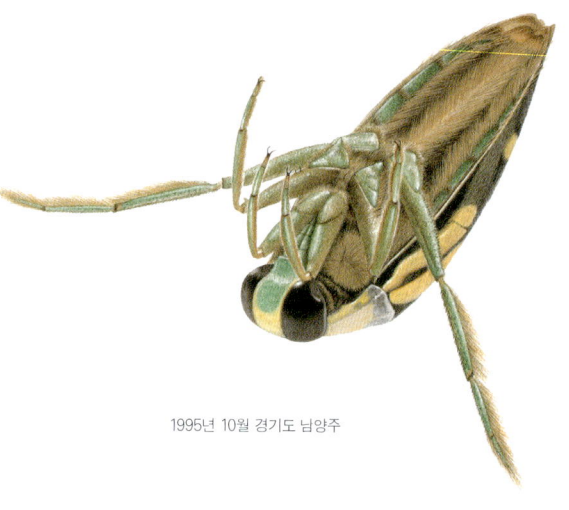

1995년 10월 경기도 남양주

여름철 얕은 연못이나 개울을 자세히 살펴보면 물 바로 아래에서 벌렁 누워서 헤엄치는 곤충이 있습니다. 바로 송장헤엄치게예요. 물속에서 사는 노린재 무리 곤충 가운데 한 가지입니다. 송장헤엄치게는 일생 동안 누운 채 지내는데, 가끔 공기를 마시려고 배 끝을 물 위로 내밀기도 합니다. 이렇게 헤엄을 치다가 물 위에 벌레가 떨어지거나 물 위로 떠돌아다니는 곤충이 나타나면 물의 떨림으로 알아채고 날쌔게 달려갑니다. 먹이를 잡으면 바늘처럼 생긴 입으로 사냥감을 찔러서 즙을 빨아 먹지요. 이렇게 즙을 빨아 먹는 것은 노린재 무리에 딸린 곤충의 특성이랍니다.

송장헤엄치게는 털이 빽빽이 붙은 뒷다리를 노를 젓는 것처럼 움직여서 헤엄을 칩니다. 앞으로 나갈 때 노를 젓는데, 다시 노를 저으려고 다리를 앞으로 가져갈 때는 물의 저항을 적게 받도록 다리를 웅크립니다. 이때 다리에 난 털이 큰 힘이 되지요. 다리털은 한쪽 방향으로만 억세게 저항을 받게 되어 있고 반대 방향으로는 털이 부드럽게 움직여서 물의 저항을 받지 않습니다. 이렇게 헤엄칠 때는 양쪽 다리 모두 쓰지만, 방향을 바꿀 때는 한쪽 다리만 쓰지요.

분류 곤충 노린재목 송장헤엄치게과
다른 이름 물송장
종류 송장헤엄치게, 애송장헤엄치게 따위
사는 곳 연못이나 개울에 산다.
좋아하는 먹이 곤충, 작은 물고기
한살이 알-애벌레-어른벌레

쇠똥구리(소똥구리)

애기뿔쇠똥구리 1993년 대전 용운동

쇠똥구리는 목장이나 소가 지나다니는 논둑길 같은 곳에 가면 볼 수 있습니다. 쇠똥구리는 소가 싼 똥 속에서 사니까요. 땅속에 굴을 파고 쇠똥을 날라 쟁여 두기도 하지요. 쇠똥구리라는 이름도 쇠똥을 굴린다고 붙었답니다. 우리나라에는 서른세 가지 쇠똥구리가 산다고 하는데, 작은 것은 길이가 3~4mm밖에 안 되지만 왕쇠똥구리처럼 큰 것은 30~40mm나 됩니다. 열 배쯤 차이가 나는 셈이지요.

쇠똥구리 암컷은 알을 낳을 때 둥글게 빚은 똥덩어리에 젖꼭지처럼 생긴 작은 꼭지를 하나 더 만들어 붙입니다. 이 꼭지 속에 알을 낳지요. 알은 갸름한 타원꼴인데 어미 몸뚱이에 견주어서 퍽 큰 편이에요. 빛깔은 흰색을 띱니다. 알에서 깨어난 애벌레는 똥을 파먹고 자랍니다. 그런데 이 똥은 어미쇠똥구리가 미리 먹고 소화시켜서 죽처럼 만든 뒤에 다시 토해서 벽에 발라 놓은 것이에요. 따라서 갓 깨어난 애벌레도 쉽게 소화시킬 수 있습니다.

이렇게 한 달쯤 자라면 껍질을 벗고 번데기가 되지요. 그리고 다시 서너 주일이 지나면 어른벌레가 되어 똥 밖으로 기어 나옵니다. 비가 오거나 쇠똥이 축축해야 밖으로 쉽게 빠져 나올 수 있습니다. 가뭄으로 똥이 마르면 딱딱한 똥 덩어리 속에서 그만 굶어 죽고 말지요.

분류 곤충 딱정벌레목 쇠똥구리과
다른 이름 말똥구리
종류 왕쇠똥구리, 쇠똥구리, 뿔쇠똥구리 따위
사는 곳 쇠똥이나 말똥이 있는 곳에 산다.
좋아하는 먹이 쇠똥, 말똥
한살이 알-애벌레-번데기-어른벌레

쐐기나방

노랑쐐기나방

고치 1996년 2월 경북 예천

애벌레의 몸뚱이가 마치 도깨비 방망이처럼 날카로운 침 다발로 뒤덮인 벌레가 있습니다. 잘못해서 이 침에 쏘이면 무척 쓰리고 따가운데, 이 침을 쏘는 벌레가 바로 쐐기나방의 애벌레인 쐐기입니다. 쐐기나방은 우리나라에 스물두 가지가 산다고 합니다. 쐐기는 감나무, 배나무, 사과나무, 밤나무 같은 과일나무의 잎을 갉아 먹는 해충이지요.

　쐐기나방의 애벌레인 쐐기는 종류에 따라 크기와 모양이 다르고 빛깔도 다릅니다. 보통은 납작하게 생겼는데, 등 쪽에 독침 다발을 지녔습니다. 이 독침 속에는 독이 들어 있어서 쏘이면 몹시 아프고 살갗이 부풀어 오릅니다. 또 초록색 살갗에 알록달록한 무늬가 있는 것이 많지요. 쐐기들이 이렇게 돋보이는 몸치장을 하는 것은, 나는 독침이 있으니 다가오지 말라는 뜻을 드러내기 위해서랍니다. 쐐기에게 한번 혼이 난 동물은 다시는 가까이 가지 않게 되지요.

　다 자란 애벌레는 작은 새알처럼 생긴 고치를 만들고 그 속에서 번데기가 됩니다. 이 고치 속에서 추운 겨울을 보내고 봄이 오면 나방이 되어 고치를 뚫고 나오지요. 고치 생김새나 무늬는 종류에 따라 다릅니다.

애벌레 1997년 9월

분류 곤충 나비목 쐐기나방과
종류 노랑쐐기나방, 배나무쐐기나방, 장수쐐기나방 따위
사는 곳 나무가 우거진 곳에 산다.
좋아하는 먹이 애벌레는 감나무잎이나 밤나무잎을 좋아한다.
한살이 알-애벌레-번데기-어른벌레

여치

1997년 6월 경북 예천

여치는 산이나 들의 풀숲에서 사는 곤충입니다. 베짱이와 같은 무리인데, 날개 길이가 베짱이보다 짧고 몸은 뭉툭하게 생겼어요. 몸 색깔은 둘레의 풀처럼 초록색과 갈색을 띠어서 쉽게 눈에 띄지 않습니다. 여치는 가늘고 긴 더듬이로 둘레를 살피다가 위험이 닥치면 긴 뒷다리로 풀쩍 튀어 멀리 달아납니다.

여치 수컷은 짝짓기 할 때가 되면 앞날개를 서로 비벼서 소리를 내어 암컷을 꼬입니다. 모습은 잘 보이지 않더라도 울음소리로 짝에게 자기가 있는 곳을 알리는 거지요. 암컷은 울음소리를 듣고 수컷이 있는 곳으로 다가갑니다.

짝짓기를 마친 암컷은 땅바닥으로 내려와서 알을 낳기에 알맞은 곳을 찾습니다. 알 낳을 곳을 찾으면 대롱처럼 생긴 기다란 산란관을 흙속에 박고 한 자리에서 여러 개의 알을 낳지요. 이 알은 추운 겨울을 흙속에서 지내야 합니다. 이듬해 봄에 알에서 깨어난 애벌레는 풀에서 살면서 풀을 뜯어 먹고 자랍니다. 어린 애벌레 때는 풀잎이나 꽃잎처럼 보드라운 식물을 먹지만, 커 가면서 씨앗이나 작은 곤충들까지도 먹지요. 다 자란 애벌레는 번데기를 거치지 않고 바로 어른벌레가 됩니다.

분류 곤충 메뚜기목 여치과
다른 이름 씨르래기, 연치
종류 여치, 잔날개여치, 갈색여치 따위
사는 곳 논밭이나 풀밭에 산다.
좋아하는 먹이 풀잎, 꽃잎, 씨앗, 곤충 따위
한살이 알-애벌레-어른벌레

이

1997년 7월

이는 사람이나 젖먹이동물의 몸에 붙어서 피를 빨아 먹고 사는 곤충입니다. 남의 몸에 붙어살기 때문에 생김새가 다른 곤충과 많이 다르지요. 더듬이는 아주 짧아지고 겹눈은 퇴화한 데다가 몸은 납작하고 날개도 없습니다. 주둥이는 짧지만 침처럼 생겨서 피를 빨기에 알맞습니다. 특히 다리가 잘 발달했지요. 여섯 개의 다리 끝에는 저마다 갈고리처럼 생긴 발톱이 나 있어서 머리카락이나 짐승의 털이나 사람의 옷에 붙어 있기에 알맞습니다.

우리나라에는 열 가지 이가 살고 있는데, 반드시 젖먹이동물한테만 붙어살고 새나 다른 동물한테는 붙어살지 않습니다. 또 종류에 따라서 붙어사는 동물이 다르지요. 그래서 다른 동물한테 붙어사는 이가 사람에게 옮겨 와도 오래 살지 못합니다. 사람에게 붙어사는 이는 '사람니'라고 하는데 '몸니'와 '머릿니'로 나누지요. 몸니는 옷에 많이 붙어살고 남자와 노인들에게 많습니다. 머릿니는 머리카락 틈에서 사는데 여자와 어린이에게 많지요.

어미가 된 이는 날마다 7~10개씩 알을 낳습니다. 알은 1주일 뒤에 애벌레로 깨어나지요. 애벌레는 어미보다 좀 작지만 생김새도 비슷하고 피도 빨 수 있습니다. 이가 피를 빨면 무척 가렵지요. 또 발진티프스나 재귀열 같은 질병도 옮깁니다.

분류 곤충 이목
다른 이름 니, 물것, 해기
종류 이, 개이, 소이, 사면발이 따위
사는 곳 짐승 털이나 살갗에 붙어산다.
좋아하는 먹이 짐승 피
한살이 알-애벌레-어른벌레

자벌레

1997년 10월

자벌레는 자나방 무리에 딸린 나방의 애벌레입니다. 자벌레라는 이름은 자로 옷감을 잴 때처럼 몸을 반으로 접어 가면서 움직인다고 붙었답니다. 자벌레는 적이 다가오면 나뭇가지에 꼼짝 않고 붙어 있습니다. 그러면 자세히 들여다봐도 가려내기 어려울 정도로 나뭇가지와 비슷해서 새나 사람을 감쪽같이 속일 수 있습니다. 자벌레의 이런 모습은 살아남기 위해 오랫동안 버릇들여 온 끝에 생겼답니다. 이렇게 남의 흉내를 내어 자기를 지키는 것을 의태라고 하지요.

　자나방 무리는 우리나라에 526가지나 살고 있습니다. 보통 밤에 날아다니다가 불빛을 보고 날아들기도 하지요. 그러나 다른 나방과 달리 몸이 가늘고 깁니다. 날개도 몸통에 견주어 넓은 편이지요. 날개는 무늬나 빛깔이 나무줄기와 비슷해요. 그래서 날개를 펴고 나무껍질에 가만히 앉아 있으면 알아보기가 어렵습니다. 더듬이 생김새는 종류에 따라서 실 모양, 톱니 모양, 빗살 모양 따위로 여러 가지예요.

　짝짓기를 마친 암컷은 나뭇잎 뒤쪽이나 줄기에 알을 낳습니다. 알에서 깨어난 애벌레는 나뭇잎을 먹고 자라지요. 그래서 과수원이나 나무숲에 해를 끼칠 때가 많아요.

분류 곤충 나비목 자나방과
종류 푸른물결자나방, 노랑물결자나방 따위
사는 곳 산과 들에 산다.
좋아하는 먹이 풀잎, 나뭇잎
한살이 알-애벌레-번데기-어른벌레

잠자리

노란측범잠자리 1996년 8월 경기도 남양주

잠자리는 몸매가 날씬하고, 커다란 눈이 툭 튀어나왔습니다. 잠자리는 곤충들 가운데 가장 빠르게 날아다닙니다. 초속 10m쯤 되는 속도로 날 수가 있으니까요. 이처럼 빨리 날 수 있는 까닭은 날개가 아주 얇고 투명한 막으로 되어 있기 때문입니다. 또 몸뚱이가 가늘고 길어서 공기의 저항을 크게 받지 않기 때문이지요.

잠자리는 눈이 아주 좋습니다. 잠자리의 겹눈 속에는 무려 만 개가 넘는 작은 낱눈이 들어 있어요. 그래서 곤충들 가운데 눈이 가장 좋다고 하지요. 하늘을 빙빙 날면서도 모기나 파리 같은 먹이가 나타나면 잠깐 동안 제자리에서 날면서 먹이를 노려보다가 잽싸게 낚아챕니다. 특히 잠자리는 다리가 매우 길어서 먹이를 잡아채는 힘이 아주 뛰어나답니다. 잡은 먹이는 통째로 씹어 먹는데 주둥이가 아주 크고 턱이 억세서 눈 깜짝할 새에 먹어 치웁니다.

어쩌다 잠자리 두 마리가 서로 붙어서 나는 것을 볼 수가 있는데, 이것은 잠자리가 짝짓기 하는 모습이에요. 짝짓기가 끝난 암컷은 물가에 알을 낳습니다. 알에서 깨어난 애벌레는 연못이나 개울 바닥에서 작은 벌레를 잡아먹고 살지요. 다 자란 애벌레는 번데기를 거치지 않고 어른벌레가 됩니다.

왕잠자리 애벌레 1995년 9월 경기도 파주

분류 곤충 잠자리목
다른 이름 남자리, 자마리, 잰자리, 철기
종류 물잠자리, 왕잠자리, 밀잠자리, 고추잠자리 따위
사는 곳 논밭이나 들판에 산다.
좋아하는 먹이 모기, 파리 따위
한살이 알-애벌레-어른벌레

잠자리 111

장구애비

1995년 9월 경기도 파주

장구애비는 노린재 무리에 딸린 물속 곤충입니다. 생김새나 빛깔이 마른 나뭇잎을 닮아서 물속에 떨어진 낙엽 속에 숨어 있으면 쉽게 찾기 어렵습니다. 우리나라에는 장구애비와 메추리장구애비 두 가지가 살고 있답니다. 장구애비가 메추리장구애비보다 조금 크고 사는 곳도 달라요. 장구애비는 연못이나 저수지같이 넓은 곳에서 많이 살고, 메추리장구애비는 산길에 팬 웅덩이나 물가에 떨어진 낙엽 속에서 많이 살지요.

장구애비는 꽁무니에 기다란 대롱이 있어요. 이것이 바로 숨관인데, 이 대롱을 물 밖으로 내밀고 공기를 들이마십니다. 장구애비는 물속에서 살지만 날개가 있어서 하늘을 날 수도 있어요. 날 때는 물 밖으로 나와 몸을 말리고 난 뒤에 날아오릅니다. 밤에 불빛을 보고 날아들기도 하지요.

장구애비의 어미는 축축한 이끼에 알을 낳습니다. 알 위쪽에는 가시가 많이 나 있어요. 2주일쯤 지나면 알에서 어미와 꼭 닮은 애벌레들이 깨어납니다. 작은 낫처럼 생긴 앞다리가 있어서 먹이도 잡을 수 있습니다. 갓 깨어났을 때는 작은 벌레를 잡아먹지만 자라면 물고기에게도 덤벼듭니다. 애벌레는 껍질을 여러 차례 벗고 큰 날개가 있는 어른벌레가 되지요.

분류 곤충 노린재목 장구애비과
다른 이름 게아재비
종류 메추리장구애비, 장구애비 따위
사는 곳 연못이나 웅덩이에 산다.
좋아하는 먹이 올챙이, 작은 물고기, 물에 사는 곤충
한살이 알-애벌레-어른벌레

지네

왕지네 1996년 5월 경북 예천

지네는 몸이 열다섯 개가 넘는 마디로 이루어진 절지동물이에요. 바위나 돌 틈에서 많이 사는데, 긴 몸뚱이로도 부지런히 움직여 다닙니다. 덤벼들기도 잘 하지요. 지네는 독이 있어서 물리면 매우 따갑고 살갗이 부어오릅니다. 심할 때는 앓아눕기도 한다고 해요. 지네는 모두 육식성이어서 곤충이나 거미나 땅에 사는 작은 동물을 잡아먹고 살아요. 더듬이를 써서 먹이를 찾아내면 독이 있는 턱으로 물어서 꼼짝 못 하게 합니다.

지네는 무리에 따라서 사는 곳이 달라요. 왕지네 무리는 몸이 묵직하고 판판한데 땅 위나 돌 틈에서 살지요. 땅지네 무리는 몸이 긴 실처럼 생겼고 다리도 짧아서 땅속에서 살기에 알맞게 생겼습니다. 땅속에서 살기 때문에 눈도 없어요. 흙이나 돌 틈에서 사는 돌지네 무리도 있어요.

지네는 짝짓기 할 때 먼저 사랑의 표시를 합니다. 수컷과 암컷은 더듬이로 몸을 서로 어루만지면서 좋은 짝인지 알아봅니다. 수컷이 작은 정자주머니를 암컷 배 밑에 떨어뜨려 놓으면 암컷이 그것을 빨아들여 알을 뱁니다. 알에서 깨어난 애벌레는 어미와 꼭 닮았답니다. 어미는 애벌레가 스스로 살 수 있을 때까지 먹이를 물어다 주면서 보살피지요.

분류 절지동물 지네류
종류 왕지네, 땅지네, 돌지네 따위
사는 곳 썩은 나무, 나뭇잎 아래 산다.
좋아하는 먹이 작은 벌레, 거미
한살이 알-애벌레-어른벌레

지렁이

1997년 10월 강원도 춘천

지렁이는 땅속에서 사는 동물입니다. 햇빛이 안 드는 곳이나 축축한 곳, 돌 밑이나 거름기가 많은 땅을 좋아하지요. 몸은 가늘고 긴 원통꼴이고, 고리처럼 생긴 마디가 여러 개 있습니다. 이런 동물을 환형동물이라고 해요. 가늘고 긴 몸에는 흰 띠가 둘러 있는 곳이 있는데 그쪽이 머리예요. 귀나 눈은 없지만, 살갗에 빛이나 누르는 힘 같은 것을 느끼는 감각 세포가 있지요. 지렁이의 살갗은 본디 거칠거칠하지만 늘 끈끈한 물이 스며 나오기 때문에 미끌미끌합니다. 이 축축한 살갗으로 숨을 쉬지요.

지렁이는 온 몸통에 센 털이 나 있어요. 지렁이는 몸이 가늘어지면서 길게 늘어났다가 굵게 오므라들면서 기어갑니다. 이것을 연동 운동이라고 해요. 기어갈 때 몸통을 둘러싼 센 털로 몸을 받치거나 미끄러지는 것을 막는답니다.

지렁이도 달팽이처럼 암수가 한몸이지만 두 마리가 짝짓기를 해야 알을 낳을 수 있어요. 알은 난포라고 하는 알주머니에 싸서 낳습니다. 지렁이는 흙을 먹고 삽니다. 흙속에 들어 있는 양분은 빨아 먹고, 남은 찌꺼기 흙은 꽁무니로 내보내지요. 그래서 지렁이가 많이 사는 곳은 흙이 아주 부드러워요. 또 지렁이 똥은 식물의 영양분이 되기 때문에 지렁이는 아주 이로운 동물입니다.

분류 환형동물
다른 이름 거셍이, 거시, 거시랑, 거의, 껄갱이
종류 줄지렁이, 왕줄지렁이, 참지렁이 따위
사는 곳 거름기가 많은 땅속에 산다.
좋아하는 먹이 흙속에 있는 양분
한살이 알-애벌레-어른벌레

진딧물

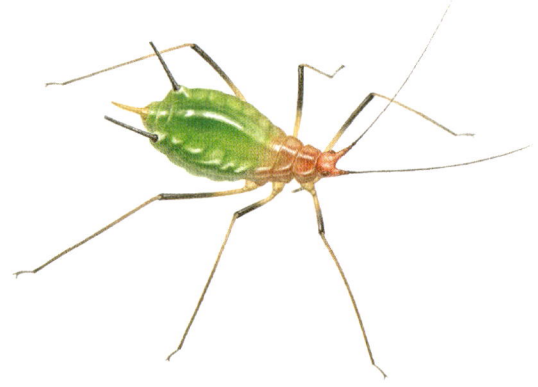

1996년 7월 서울 하계동

장미나 고추 같은 식물의 어린잎이나 연한 줄기에 깨알처럼 작은 벌레들이 다닥다닥 붙어 있는 것을 흔히 볼 수 있습니다. 이것이 바로 식물의 즙을 빨아 먹고 사는 진딧물이에요. 그래서 농사에 해로운 곤충인데, 우리나라에는 200가지가 넘게 살고 있답니다.

이 진딧물은 삶의 역사가 아주 복잡한 곤충이에요. 우리나라와 같은 온대 지방에서는 암수가 짝지어 생겨나는 유성 생식 세대와 암컷 혼자서 새끼를 까는 단위 생식 세대가 번갈아 나타나는 세대 교번을 합니다. 따라서 계절에 따라서 진딧물이 사는 모습이 달라지지요. 봄에 알에서 깨어난 진딧물은 모두가 암컷이에요. 이것은 수컷과 짝짓기를 하지 않고 몸 안에서 알을 까고 새끼를 낳습니다. 이것이 자라서 다시 알을 까면 또 암컷이 되지요. 이렇게 가을까지 단위 생식을 하면 수가 엄청나게 늘어납니다. 가을이 되어야 비로소 수컷이 깨어나 암컷과 짝짓기를 한 뒤에 수정란을 낳는답니다.

진딧물이 많이 모여 있는 곳에는 어김없이 개미가 모여들지요. 진딧물이 꽁무니로 내놓는 단물을 빨아 먹기 위해서입니다. 그 대신에 개미는 무당벌레 같은 적으로부터 진딧물을 지켜 주지요. 무당벌레는 애벌레 때부터 진딧물을 잡아먹고 사는 천적입니다.

분류 곤충 매미목
다른 이름 뜨물, 뜬물, 비리, 진두머리, 진디
종류 밤나무왕진딧물, 조팝나무진딧물, 누리장진딧물 따위
사는 곳 풀이나 나무에 붙어 산다.
좋아하는 먹이 풀이나 나무의 즙
한살이 알-애벌레-어른벌레

집게벌레

고마로브집게벌레 1996년 10월 경기도 남양주

집게벌레는 몸이 길고 가늘며 판판하게 생겼습니다. 그래서 좁은 틈새에서도 살 수 있지요. 집게벌레는 축축한 곳을 좋아하고, 밤에 움직이는 것이 많습니다. 낮에는 돌 밑이나 흙속이나 나무껍질 속 같은 곳에 숨어 있어요. 먹이로는 살아 있는 벌레를 잡아먹거나 죽은 벌레를 먹습니다. 더러는 식물의 어린 잎이나 꽃잎, 꽃가루 따위를 먹고 살기도 하지요.

집게벌레는 몸 빛깔이 어두운 갈색이 많고, 거죽이 미끄럽습니다. 날개는 두 쌍인데 앞날개는 짧고 날개맥도 없어요. 뒷날개는 부채꼴의 얇은 막으로 되었는데, 멈춰 있을 때는 앞날개 밑에 포개져 있지요. 하지만 날개가 있어도 잘 날지는 않아요.

집게벌레의 가장 큰 특징은 배마디 끝에 가위처럼 생긴 꼬리집게가 있다는 점입니다. 이 꼬리집게는 생김새가 저마다 달라요. 꼬리집게는 적에게 덤비거나 제 몸을 지킬 때 씁니다. 짝짓기 할 때도 쓰지요. 어떤 것은 배마디에서 고약한 냄새를 풍겨서 제 몸을 지키기도 한대요.

알은 보통 땅속 굴 안에 낳는데, 알이 깨어날 때까지 어미가 지켜 주지요. 추운 겨울에 깨어난 애벌레는 곁에서 지켜보고 있던 어미의 몸을 뜯어 먹고 자랍니다.

분류 곤충 집게벌레목
다른 이름 가위벌레
종류 민집게벌레, 꼬마집게벌레, 고마로브집게벌레 따위
사는 곳 그늘지고 축축한 곳에 산다.
좋아하는 먹이 벌레, 나뭇잎, 풀잎 따위
한살이 알-애벌레-어른벌레

파리

검정볼기쉬파리 1996년 7월 서울 대조동

파리는 집 가까이에서 사는 곤충입니다. 이른 봄부터 늦가을까지 날아다니는데, 특히 여름에 많이 보이지요. 파리는 종류에 따라 몸 크기나 색깔이나 사는 모습이 저마다 달라요. 그 가운데서도 집 안에 많이 꼬이는 집파리, 재래식 화장실이나 썩은 음식에 많이 꼬이는 쉬파리 따위가 아주 흔하지요. 소나 말의 살갗에 앉아서 피를 빨아 먹는 파리도 있어요.

파리는 발바닥으로 맛을 압니다. 발바닥이 더러우면 맛을 알 수 없기 때문에 발을 싹싹 비벼 먼지를 털어 내지요. 또 발바닥에 끈끈한 판이 있어서 천장뿐만 아니라 유리나 벽에도 끄떡없이 붙어 있어요. 그래서 더욱 발바닥에 먼지가 묻어 있으면 안 되지요.

파리는 죽은 동물의 몸이나 쓰레기, 음식물, 똥 같은 곳에 알을 낳아요. 알에서 깨어난 구더기는 번데기를 거쳐 어른벌레가 됩니다. 쉬파리처럼 알을 낳지 않고 바로 구더기를 낳는 파리도 있습니다. 먹이를 먹을 때는 먼저 침을 뱉어서 녹인 다음에 핥아먹어요. 파리는 더러운 곳에 앉았다가 우리가 먹는 음식에도 앉습니다. 침도 뱉고 똥도 아무 데나 싸지요. 그러다 보니 나쁜 병을 옮기기도 해서 사람에게는 이로운 곤충이 아닙니다.

노랑초파리 1997년 7월 서울 대조동

분류 곤충 파리목
다른 이름 파래이, 포리
종류 똥파리, 연두금파리, 검정볼기쉬파리 따위
사는 곳 집 둘레나 들판에 산다.
좋아하는 먹이 썩은 음식, 똥, 죽은 동물 따위
한살이 알-애벌레-번데기-어른벌레

풍뎅이

몽고청동풍뎅이 1996년 7월 강원도 춘천

왕풍뎅이 1995년 8월 강원도 춘천

풍뎅이 무리는 종류에 따라서 생김새나 크기, 색깔, 버릇 따위가 매우 다른 곤충입니다. 우리나라에는 풍뎅이가 260가지가 넘게 살고 있습니다. 풍뎅이는 애벌레 때부터 아무거나 잘 먹어요. 똥이나 썩은 것, 식물의 잎, 줄기, 뿌리, 꽃가루 따위 여러 가지를 먹지요. 우단풍뎅이 무리나 검정풍뎅이 무리는 식물의 잎과 뿌리를 먹기 때문에 농작물이나 잔디 따위를 해치는 해충으로 알려졌어요. 그러나 초가집 지붕이나 퇴비, 두엄 따위에서 애벌레 생활을 하는 꽃무지 무리는 썩은 것만 먹기 때문에 해를 끼치지 않습니다. 또 꽃무지 어미는 꽃가루를 즐겨 먹기 때문에 가루받이를 도와주지요.

　풍뎅이는 어른벌레로 살 때를 빼고는 거의 땅속이나 퇴비, 두엄 더미 아래에서 보냅니다. 알은 땅속 얕은 곳에 하나씩 낳지요. 알은 흰색을 띠어요. 애벌레는 굼벵이라고도 하는데, 땅속에서 세 번쯤 껍질을 벗고 번데기가 됩니다. 번데기 때는 이미 머리, 다리, 더듬이 같은 몸의 생김새가 뚜렷이 나타나지요. 어른벌레가 되면 땅 위로 기어 나와요. 풍뎅이는 날아다니기도 하지만 한곳에 머무는 시간이 더 많습니다. 그러다가 밤이 되면 불빛을 보고 부르르 날아와 '툭' 하고 바닥에 내려앉기도 하지요.

분류 곤충 딱정벌레목
다른 이름 풍덩이, 풍데이, 풍디
종류 똥풍뎅이, 검정풍뎅이, 풀색꽃무지 따위
사는 곳 산과 들에 산다.
좋아하는 먹이 나뭇잎
한살이 알-애벌레-번데기-어른벌레

하늘소

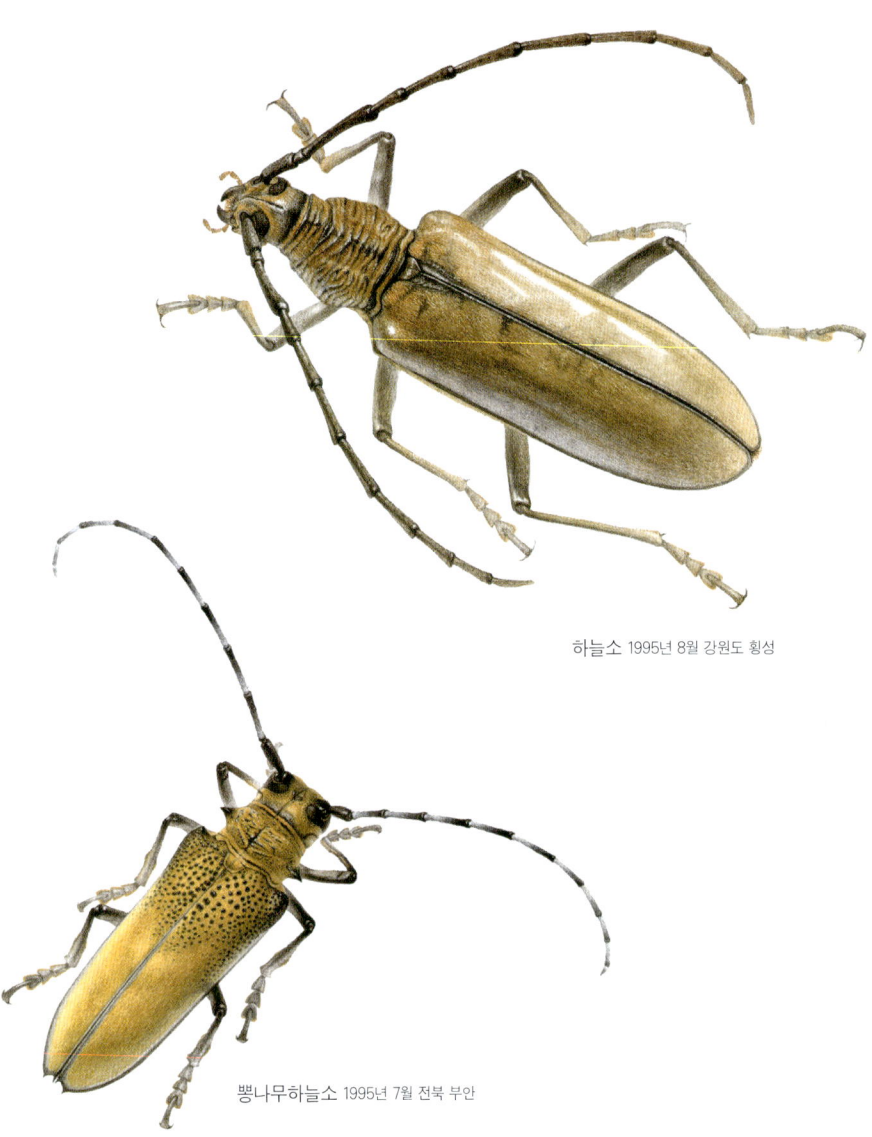

하늘소 1995년 8월 강원도 횡성

뽕나무하늘소 1995년 7월 전북 부안

하늘소 무리는 몸집이 큼직하고 멋있게 생겨서 어린이들이 좋아합니다. 길고도 힘차게 뻗은 더듬이는 늠름한 장군의 긴 콧수염을 떠오르게 하지요. 빛깔이나 광택도 무척 곱고 아름다워요. 손으로 잡으면 '꾹꾹' 소리를 내기도 합니다. 우리나라에는 300가지가 넘는 하늘소가 살고 있다고 합니다. 종류에 따라서 모양이나 크기나 빛깔이 매우 다르지요. 그 가운데에서 장수하늘소는 천연기념물로 정해서 함부로 잡지 못하도록 하고 있습니다.

알고 보면 하늘소 무리는 대부분 식물의 줄기나 뿌리에 큰 피해를 입힙니다. 그래서 숲을 해치는 곤충으로 알려졌지요. 하늘소 무리는 종류에 따라서 애벌레가 먹는 식물이 저마다 달라요. 뽕나무하늘소는 뽕나무를 파먹고 참나무하늘소는 참나무를 파먹으면서 자라지요. 장수하늘소는 서어나무, 신갈나무, 물푸레나무 따위의 줄기에서 삽니다.

하늘소 암컷은 짝짓기를 마치면 먹이가 되는 식물의 줄기에 알을 낳아요. 알에서 깨어난 애벌레는 나무줄기 속으로 굴을 파듯이 뚫고 들어가서 단단한 나무속을 파먹고 삽니다. 애벌레는 2~5년 동안 나무속에서 살면서 번데기가 되었다가 어른벌레가 되어 줄기를 뚫고 밖으로 나오지요.

분류 곤충 딱정벌레목 하늘소과
다른 이름 돌드레, 하늘새, 찌께
종류 장수하늘소, 꽃하늘소, 알락하늘소 따위
사는 곳 산이나 과수원에 산다.
좋아하는 먹이 나뭇진
한살이 알-애벌레-번데기-어른벌레

하루살이

참납작하루살이 1997년 4월 경기도 남양주

하루살이는 매우 연약한 곤충입니다. 하루밖에 못 산다고 하루살이라는 이름이 붙었습니다. 하루살이는 어른벌레가 되면 보통 반나절이나 하루쯤 살다가 죽어요. 길어야 사흘밖에 못 살지요. 그동안 물기만 조금 머금을 뿐 아무것도 먹지 않고 알만 낳습니다. 주둥이가 퇴화해서 먹을 수도 없어요. 하루살이는 날개가 얇은 막으로 되어 있는데, 뒷날개가 앞날개보다 많이 작습니다. 더듬이는 짧고 배에는 실처럼 생긴 여러 마디의 긴 꼬리털이 두세 개 있지요. 여러 마리가 떼 지어서 떠돌아다니면서 사람 얼굴에도 달려드는 작은 날파리를 하루살이라고 잘못 아는 일도 있습니다.

하루살이는 어른벌레가 된 날 짝짓기를 하고 물속에 알을 낳습니다. 알은 보통 한두 주 뒤에 깨어나서 애벌레가 되지요. 애벌레는 연못, 저수지, 개울 같은 곳에서 살면서 물풀이나 돌말 따위를 먹고 삽니다. 애벌레는 사는 곳에 따라서 생김새가 달라요. 물 흐름이 빠른 개울이나 시내에서 사는 것은 몸이 납작하고, 고인 물에서 사는 것은 몸이 통통하지요. 애벌레로 지내는 시간은 긴 편이에요. 빠른 것은 6주 만에 어미가 되는 것도 있지만 대부분 1~3년이 지나야 어른벌레가 되니까요.

분류 곤충 하루살이목
다른 이름 날파리, 하로사리, 하리사리
종류 꼬리하루살이, 무늬하루살이, 알락하루살이 따위
사는 곳 물가에 산다.
좋아하는 먹이 애벌레는 물풀이나 돌말을 먹는다.
한살이 알-애벌레-어른벌레

민물에 사는 동물

물속에 사는 물고기의 생김새

물고기는 물속에서 사는 등뼈동물이에요. 물에서 살기 때문에 아가미로 숨을 쉬지요. 물고기가 뻐끔뻐끔하면서 들이마신 물은 아가미를 지나요. 아가미에서 물에 녹아 있던 맑은 산소는 들이마시고 이산화탄소와 물은 도로 내보낸답니다.

은색 비늘을 가진 갈치

사람은 허파로 숨을 쉬어요. 숨을 들이마시면 공기가 코를 지나서 허파로 갑니다. 그곳에서 맑은 공기는 몸속으로 들어가고 더러운 공기는 밖으로 나오지요.

물고기는 몸매가 날씬하고 매끈하게 생겼어요. 그래서 물속에서 헤엄치기가 쉽답니다. 앞으로 헤엄쳐 나갈 때 물과 부딪치는 힘이 줄어드니까요. 몸이 울퉁불퉁하거나 뚱뚱하다면 물살을 헤치고 앞으

옆줄이 또렷이 보이는 붕어

혼인색을 띤 피라미 수컷

지느러미에 가시가 있는 쏘가리

로 나가기가 어렵겠지요. 또 다른
동물과 달리 지느러미가 달려 있어요.
가슴지느러미와 배지느러미는 동물의 발과 같은
구실을 하지요. 등지느러미로는 자세를 바로잡고
꼬리지느러미로는 헤엄을 칠 때 빠르기를 조절한답니다.

지느러미로 날아다니는 날치

　물고기는 몸이 비늘로 덮여 있어요. 비늘은 동물의 털이나
살갗과 같지요. 물고기 몸통에는 작은 구멍이 한 줄로 늘어서 있는데
이것을 옆줄이라고 하지요. 옆줄이 물의 흐름이나 압력을 느끼게 해
주어서 물고기는 바위 따위에 부딪치지 않고 헤엄쳐 다닐 수 있어요.

날갯짓하듯이 헤엄치는 홍어

가재

1994년 4월

가재는 맑은 골짜기 물이나 시냇물 속에서 삽니다. 게나 새우처럼 몸이 딱딱한 껍데기에 싸여 있지요. 이런 동물을 갑각류라고 해요. 가재는 가슴에 열 개나 되는 다리가 붙어 있어요. 크고 억센 두 집게다리로는 먹이를 잡고, 옮겨 다닐 때는 집게다리를 처들고 짧고 가는 여덟 개의 다리로 걸어요. 위험할 때는 몸을 뒤로 퉁겨서 재빠르게 도망갑니다. 보통 낮에는 돌 밑에 가만히 숨어 있다가 밤이 되면 움직이지요. 겨울이 되면 땅속으로 파고 들어가 겨울잠을 잡니다.

가재는 5월 중순에서 6월 초순 사이에 알을 낳습니다. 암컷이 알을 60개쯤 낳아서 배에 붙이면 수컷이 와서 수정을 하지요. 알에서 깨어난 새끼는 얼마쯤 클 때까지 어미 배에 붙어 있어요. 새끼는 여러 차례 허물을 벗으면서 어른으로 자라납니다. 새끼 때는 물풀을 먹고, 자라면 작은 곤충이나 물고기나 옆새우를 먹어요.

가재가 사는 물은 사람이 마셔도 좋을 만큼 깨끗하다고 해요. 이런 물을 1급수라고 부릅니다. 우리 부모님들이 어렸을 때만 해도 가재가 참 많았다고 해요. 잡은 가재는 삶거나 구워서 먹기도 하는데, 익으면 껍데기가 빨갛게 되지요. 그런데 덜 익혀 먹으면 폐디스토마라는 무서운 기생충이 옮을 수 있으니 꼭 익혀 먹어야 한답니다.

분류 절지동물 갑각류
다른 이름 까재, 석해
종류 가재, 만주가재 따위
사는 곳 산골짜기나 맑은 시냇물에 산다.
좋아하는 먹이 곤충, 물고기, 옆새우 따위
알 5~6월에 물속에서 낳고 어미가 배에 품는다.

갈겨니

1997년 6월 강원도 춘천 오월리

갈겨니는 물이 맑은 강이나 시냇물에서 사는 민물고기입니다. 생김새가 피라미와 닮아서 피라미로 잘못 알기가 쉬워요. 그런데 피라미보다 머리가 크고 몸통에는 거무스름한 줄이 나 있지요. 눈이 크고 색깔이 검다고 눈검쟁이라고도 부른답니다. 피라미와 달리 맑은 물을 좋아해서 골짜기에 많이 산다고 산피리라고도 불러요.

갈겨니는 물이 아주 깊은 곳보다는 얕은 곳에서 많이 볼 수 있어요. 물면 가까이에서 헤엄쳐 다니면서 물속 곤충이나 물에 떨어지는 곤충을 잡아먹고 살지요. 조선시대 실학자 서유구는 《난호어목지》라는 책에서 "생김새와 색깔이 피라미와 비슷하지만, 비늘이 잘고 눈이 크고 검다. 길이는 10cm쯤 되고 저녁 무렵이면 공중으로 뛰어올라 파리를 잡아먹는 것을 좋아한다."고 썼어요. 이 책은 지금으로부터 180년쯤 전에 쓰였으니 조상들이 자연을 얼마나 자세히 관찰했는지 알 수 있지요.

갈겨니는 6월에서 8월 사이에 모래나 자갈이 깔린 물 바닥에 알을 낳아요. 알을 낳을 때가 되면 수컷은 몸 색깔이 바뀌어요. 본디 등이 갈색이고 배는 흰색인데, 등과 배가 초록, 노랑, 주황색으로 알록달록하게 바뀌지요. 이런 것을 '혼인색을 띤다'고 한답니다.

분류 어류 잉어목 잉어과
다른 이름 갈견이, 눈검지, 불가리
사는 곳 강이나 시내에 산다.
좋아하는 먹이 물속 곤충, 물풀
알 6~8월에 물살이 느린 곳에 낳는다.

개구리

참개구리 1993년 6월

개구리는 논이나 축축한 땅에서 사는 양서류입니다. 물에서도 살고 뭍에서도 사는 동물이라는 뜻이에요. 개구리는 물과 뭍 양쪽에서 살기에 좋은 생김새를 갖고 있어요. 땅에서는 아랫눈꺼풀이 처져 있다가 물속에서는 위로 올라가 눈을 덮지요. 뒷다리는 길어서 헤엄을 칠 때나 뛰어오를 때 용수철처럼 힘차게 뻗쳐요. 또 허파뿐 아니라 살갗으로도 숨을 쉬지요. 뒷발에는 물갈퀴가 있어서 헤엄을 치기에 좋아요.

개구리 수컷은 울음주머니를 부풀려서 소리를 냅니다. 개구리마다 크기도 다르고 높낮이도 다른 소리를 내어 암컷을 부릅니다. 암컷은 크고 높은 소리를 내는 수컷을 좋아한대요. 개구리가 울어 대면 어찌나 소리가 요란한지 온 들판이 개구리 소리로 가득 찬 것처럼 여겨질 때도 있어요.

개구리는 보통 암컷보다 수컷이 작습니다. 알을 낳을 때는 수컷이 암컷 등에 올라가 몸을 세게 죄면서 도와줍니다. 그리고 알 위에 정액을 뿌려 수정이 되게 합니다. 참개구리는 논물 속에다 1,000개쯤 되는 알을 한데 뭉쳐 낳아요. 알이 올챙이를 거쳐 새끼 개구리가 되기까지는 두 달쯤 걸려요.

분류 양서류
다른 이름 개고락지, 깨고리, 멕장구, 머구리
종류 참개구리, 청개구리, 산개구리, 무당개구리 따위
사는 곳 논이나 산골짜기, 개울에 산다.
좋아하는 먹이 살아 있는 벌레
알 봄부터 여름까지 논이나 웅덩이에 낳는다.

개구리의 한살이

1 개구리가 알을 낳고 있어요.
2 개구리의 알이에요.
3 올챙이가 알에서 깨어났어요.
4 뒷다리가 나왔어요.
5 앞다리도 나왔어요.
6 꼬리가 점점 줄어들어요.
7 개구리가 되었어요.

금붕어

1997년 9월 서울 천호동

금붕어는 집에서 기르는 물고기입니다. 조상은 강에서 살던 붕어인데 사람들이 어항에서 기르면서 여러 가지가 생겨났어요. 종류마다 빛깔이나 생김새가 저마다 다르지요. 빨강색, 귤색, 흰색, 검정색 가운데 한 가지 색깔만 지닌 것도 있고 알록달록한 것도 있어요. 어릴 때는 색깔이 뚜렷하지 않다가 자라면서 눈에 띄는 색깔을 지니지요. 또 등지느러미가 없는 것도 있고, 꼬리지느러미가 크고 여러 갈래인 것도 있지요. 머리에 혹이 난 것도 있답니다. 그런데 갖가지 빛깔을 지닌 금붕어도 강에서 살면 제 색깔을 잃어버리고 수수한 색깔로 바뀐다고 해요.

금붕어를 기를 때는 항아리보다는 네모난 어항이 좋아요. 산소가 녹을 수 있는 면적이 넓어서 숨쉬기에 더 나으니까요. 어항에 모래를 깔고 돌을 놓거나 물풀을 심어 주면 금붕어가 쉴 수 있어요. 또 그늘도 생기고 산소도 얻을 수 있어서 좋답니다. 어항에 공기 넣는 장치를 달아 주면 금붕어가 숨쉬기에 더 좋겠지요. 먹이는 실지렁이나 가게에서 파는 물고기밥을 주면 됩니다. 먹이는 하루에 한 번 주는 게 알맞아요. 물을 갈아 줄 때는 있던 물을 반쯤 남기고 반만 새 물로 갈아 줍니다. 수돗물을 넣을 때는 물을 받아서 하루 이틀 지난 다음 넣어야 하지요.

분류 어류 잉어목 잉어과
종류 화금, 유금, 툭눈붕어 따위
사는 곳 어항이나 연못에서 기른다.
좋아하는 먹이 실지렁이, 물벼룩, 곡식 따위
알 5~7월에 낳는다. 알을 물풀에 붙인다.

납자루

1997년 5월 강원도 춘천 소양강

납자루는 물살이 느린 시냇물이나 호수에 사는 민물고기입니다. 물이 맑고 물풀이 많은 곳을 좋아하지요. 신경이 날카로워서 무리를 지어 살지 않고 고요한 곳에서 혼자 사는 것을 좋아한다고 합니다. 알에서 깨어난 지 2년이면 다 자라는데, 몸집이 작아서 다 자라도 몸길이가 10cm를 넘지 않아요. 몸통은 납작하고 입에는 짧은 수염이 한 쌍 나 있지요.

납자루는 알을 낳는 곳이 다른 물고기와 달라요. 물에 사는 조개의 몸속에 알을 낳으니까요. 보통은 이른 봄부터 이른 여름 사이에 낳는데 가을까지 알을 낳는 것도 있어요. 알을 낳을 때가 되면 암컷은 알 낳는 대롱을 길게 늘어뜨려요. 이 대롱을 조개에 꽂고 알을 낳지요. 뒤따라온 수컷은 암컷이 알을 낳은 곳에 정액을 뿌려요. 이때 납자루 수컷은 보통 때와 모습이 달라집니다. 몸에서 빛이 나고 색깔도 환해지지요. 등은 푸른색이고 배와 지느러미는 붉은색을 띠어요. 코와 눈에 하얗고 작은 돌기도 나옵니다. 이렇게 수컷의 몸 색깔이 달라지는 것을 혼인색을 띤다고 해요. 짝짓기 할 때 나타나는 색깔이라는 뜻이지요. 납자루는 늦가을부터는 움직임이 느려지고 물풀이 많은 곳이나 돌 밑에서 겨울을 납니다.

분류 어류 잉어목 잉어과
다른 이름 납저리
사는 곳 물살이 느린 시냇물에 산다.
좋아하는 먹이 물풀에 붙은 작은 동물
알 3~6월쯤 조개 속에 낳는다.

다슬기

돌에 붙어 있는 다슬기

다슬기는 맑은 냇물의 돌 밑에 붙어서 돌말을 먹고 삽니다. 해가 저물 때쯤 되면 돌 위로 많이 올라오지요. 강이나 호수에서도 사는데 사는 곳에 따라서 생김새가 조금씩 다릅니다. 이름도 고장에 따라서 민물고둥, 물고둥이라고도 부르고 올갱이, 골뱅이, 골부리라고도 하지요.

다슬기는 달팽이처럼 몸이 딱딱한 껍데기로 싸여 있고, 이빨 달린 혀로 먹이를 갉아 먹습니다. 배다리로 돌 위를 기어 다니지요. 물살이 빠른 곳에서는 물살을 이기기 위해 생김새가 구슬처럼 둥글어져요. 어미 다슬기는 배 속에 1,000마리가 넘는 새끼를 품고 있다가 낳는답니다.

다슬기는 햇빛을 싫어합니다. 그래서 햇빛이 강하게 내리쬐는 날에는 돌 밑이나 깊은 물속으로 들어가지요. 다슬기를 주우려면 가만히 물속을 들여다보아야 해요. 물이 출렁거리면 물결 때문에 어른거려서 보이지 않기 때문이에요. 주운 다슬기는 된장을 넣고 삶아서 먹습니다. 아이들은 탱자가시나 옷핀으로 다슬기 살을 빼 먹었지요. 이로 꽁지를 깨문 다음 쪽쪽 빨아서 먹기도 했어요. 민물에 사는 다슬기는 껍데기가 단단하지 않으니까요. 다슬기 삶은 물에 된장을 넣고 끓인 국도 맛이 좋지요. 하지만 날로 먹거나 덜 익혀 먹으면 폐디스토마에 걸릴 수도 있으니 조심해야 한답니다.

곳체다슬기 1997년 8월 강원도 춘천 거두리

분류 연체동물
다른 이름 고둥, 올갱이, 골뱅이, 대사리
종류 죽순다슬기, 흑다슬기, 대화다슬기 따위
사는 곳 시냇물이나 저수지, 강에서 산다.
좋아하는 먹이 돌말, 죽은 개구리 따위
새끼 배 속에 새끼를 품고 있다가 낳는다.

돌고기

1996년 9월 강원도 춘천 지암리

돌고기는 물이 맑고 물살이 느린 강물에 사는 민물고기입니다. 돌이 많은 곳에 산다 하여 돌고기라고 부르지요. 새끼 때는 물면 가까이에서 떼 지어 살지만, 자라면서 바닥 가까이로 내려갑니다. 돌고기는 몸통이 둥글고 머리 끝이 뾰족해요. 또 입술의 옆부분이 두툼한 것이 특징이랍니다. 옛날에는 생김새가 새끼 돼지와 비슷하다고 해서 돗고기라고 불렀다고 합니다.

알은 봄에 돌이 많고 맑은 냇물 바닥에 낳지요. 물 깊이가 50~100cm쯤 되고 넓적한 돌이나 바위가 많은 곳이 알을 낳기에 알맞은 곳이랍니다. 알을 낳을 때가 되면 암컷 한 마리를 수컷 여러 마리가 따라다녀요. 돌고기도 피라미나 갈겨니처럼 알을 낳을 때가 되면 수컷의 입술이나 지느러미에 오돌오돌한 돌기가 생기고 혼인색이 나타나지요. 알을 낳을 때는 떼를 지어 모여서, 돌 밑이나 돌 틈에 층이 지도록 알을 붙입니다.

돌고기는 깨끗한 물을 좋아하고 성질이 예민하여 조그만 소리에도 바위틈에 잘 숨습니다. 가끔 소리를 내는 버릇도 있어요.

분류 어류 잉어목 잉어과
다른 이름 중타래, 가사리, 등미리, 돗쟁이
사는 곳 돌이 많은 시냇물에 산다.
좋아하는 먹이 물속 곤충
알 5월쯤 알을 낳아 돌 밑이나 돌 틈에 붙인다.

두꺼비

1997년 6월 전북 부안

두꺼비는 개구리와 같은 양서류에 딸린 동물입니다. 우리나라에는 두꺼비와 물두꺼비 두 종류가 살지요. 두꺼비는 우리나라에 사는 개구리 무리 가운데 몸집이 가장 큰 편입니다. 요즈음에는 몸집이 더 큰 황소개구리가 있어서 둘째로 밀렸지만요. 두꺼비 등은 갈색이고 살갗에는 크고 작은 혹처럼 생긴 돌기가 많이 나 있어요.

두꺼비는 산속이나 낮은 산의 축축한 곳에 살기도 하고 밭이나 농촌의 집 가까이에서도 볼 수 있어요. 비가 오면 집 안으로 기어 들어오기도 한답니다. 땅강아지, 노린재, 개미, 벌 따위를 즐겨 먹지요.

두꺼비는 이른 봄에 알을 낳으려고 가까운 냇가나 연못에 모여듭니다. 암컷에 견주어 수컷의 수가 많기 때문에 수컷은 짝짓기를 하려면 싸움을 벌여야 합니다. 두꺼비 수컷은 한번 암컷을 껴안으면 단단히 붙들고 놓지 않습니다. 이렇게 한 쌍이 짝을 이루고 있을 때도 아직 짝을 찾지 못한 수컷들이 끼어들어 암컷을 차지하려고 하지요. 그러면 암컷의 가슴을 붙들고 있던 수컷이 다른 수컷들을 뒷다리로 걷어차기도 합니다. 이렇게 해서 끈처럼 생긴 알 덩어리를 낳는데 물에 흘러가지 말라고 돌이나 나무 같은 것에 돌돌 감아 놓습니다. 5월이면 올챙이가 새끼가 되어서 산으로 올라가지요.

분류 양서류
다른 이름 나흘마, 두깨비, 뚜깨비
사는 곳 논밭이나 낮은 산에 산다.
좋아하는 먹이 곤충이나 지렁이
알 봄에 여럿이 논이나 웅덩이에 모여서 낳는다.

메기

1995년 10월 강원도 춘천 지암리

메기는 물살이 느린 강이나 웅덩이에 사는 민물고기입니다. 바닥에 모래와 진흙이 깔린 곳이나 큰 바위 아래에 많이 살아요. 우리나라 냇물 어디서나 사는데 요즘은 기르기도 많이 한답니다.

메기는 몸이 길고 납작해요. 비늘은 없고 미꾸라지처럼 살갗이 미끈미끈하지요. 입이 크고 입가에 수염이 길게 달려 있어요. 수염은 위턱과 아래턱에 한 쌍씩 있는데 한 쌍은 길고 한 쌍은 짧지요. 수염은 먹이를 찾고 맛을 보는 일을 해요. 이 수염이 있어서 흐린 물속에서도 먹이를 찾아낼 수 있어요. 수염은 어렸을 때는 세 쌍이지만 자라면서 한 쌍이 없어지지요.

낮에는 강바닥에 숨어 있다가 밤이 되면 먹이를 잡으러 나옵니다. 작은 물고기와 개구리 들이 메기의 밥이지요. 알은 5월에서 7월 사이에 낳는데 물살이 조금 센 개울 바닥의 자갈 사이에다 낳지요. 알은 풀색이고, 한 번에 1만 3,000개쯤 낳아요. 알에서 깨어난 새끼는 1년이면 11cm쯤 자라는데 다 자란 메기는 몸길이가 30cm에 이릅니다.

메기는 지진이 일어나는 것을 미리 안다고 해요. 지진이 일어나려고 하면 몹시 흥분하고 난폭해진다고 합니다. 또 메기는 오래 사는 물고기로 알려졌어요. 60년을 넘게 산 것도 있다고 하지요.

분류 어류 메기목 메기과
다른 이름 논메기, 메사구, 미기, 미여기
사는 곳 물살이 느린 강이나 웅덩이에 산다.
좋아하는 먹이 물고기, 개구리
알 5~7월에 물살이 빠른 여울에 낳는다.

모래무지

1995년 9월 강원도 춘천 심포리

모래무지는 모래가 있는 맑은 물에 사는 민물고기입니다. 서해와 남해로 흐르는 냇물과 강에 살고 있지요. 모래에 숨는 물고기라는 뜻에서 모래무지라고 불러요. 모래무지는 깨끗한 물이 흐르고, 바닥에 모래와 자갈이 깔린 곳에 많이 삽니다. 봄에 얼음이 녹으면 더 깨끗한 물을 찾아 위로 거슬러 올라가기도 하지요.

  몸은 길고 원통꼴로 생겼어요. 등은 갈색이고 배는 흰색인데, 살갗에는 검은 점이 있습니다. 주둥이는 길고 짧은 턱수염 한 쌍이 달려 있지요. 모래무지는 몸을 모래에 묻고 머리만 내놓고 있거나 모래 위를 천천히 헤엄쳐 다녀요. 그러다가 먹이를 보면 가슴지느러미로 모래를 파헤쳐 모래째 들이마십니다. 그런 다음 먹이는 삼키고, 모래는 곧 아가미구멍으로 뱉어 냅니다. 모래무지는 바닥에 사는 어린 벌레나 물벼룩 같이 물에 떠도는 작은 동물을 먹고 살지요. 모래무지는 5~6월이 되면 해질 무렵부터 밤 사이에 알을 낳아 모래에 묻습니다. 알은 엿새쯤 지나면 깨어나지요.

  모래무지는 깨끗한 물에서만 살아요. 그래서 날이 갈수록 모래무지가 줄어들고 있답니다. 우리 부모님들이 어렸을 때만 해도 강에서 미역을 감다가 보면 발에도 밟힐 정도로 흔한 물고기였어요.

분류 어류 잉어목 잉어과
다른 이름 모래모치, 모래무치, 모재미
사는 곳 모래가 많은 맑은 물에 산다.
좋아하는 먹이 물에 사는 곤충
알 5~6월에 모랫바닥에 낳는다.

미꾸라지

1997년 7월 강원도 춘천 지암리

미꾸리 | 1995년 10월 강원도 춘천 지암리

미꾸라지는 연못이나 논이나 도랑에 사는 민물고기입니다. 진흙이 깔린 곳이나 물풀이 빽빽이 자라는 곳에 많지요. 살갗이 미끌미끌하다고 미꾸라지라고 한답니다. 미꾸라지는 미꾸리와 생김새가 비슷해요. 둘 다 몸매가 길고 가는데 미꾸라지가 더 크고, 옆으로 훨씬 납작합니다. 그러나 보통은 따로 나누지 않고 모두 미꾸라지라고 부르지요. 사는 곳은 물 바닥이지만 진흙 속을 파고 들어가기도 해요. 가뭄이 들어 물이 마르면 진흙 속에 깊이 들어가 살아남지요. 옛날에는 가을걷이가 끝난 뒤 논바닥을 파서 미꾸라지를 잡기도 했어요. 추운 겨울이 되면 진흙 속으로 깊이 들어가서 겨울잠을 자지요.

미꾸라지도 보통 때는 다른 물고기처럼 물속에서 아가미로 숨을 쉬어요. 그러나 물속에 산소가 모자랄 때는 물 위로 올라와서 입으로 공기를 마시고 똥구멍으로 내보내지요. 이때는 아가미가 아닌 창자로 숨 쉬는 거예요. 미꾸라지는 4월에서 6월 사이에 알을 낳아요. 비가 오거나 논에 물이 차기 시작할 때 생기 있게 움직이면서 짝짓기를 합니다.

미꾸라지로 끓인 국을 추어탕이라고 합니다. '추어'라는 말은 미꾸라지의 한자말이지요. 그런데 알고 보면 추어탕에는 미꾸라지보다 미꾸리를 많이 쓴대요. 미꾸리가 미꾸라지보다 맛이 좋다고 합니다.

분류 어류 잉어목 기름종개과
다른 이름 말미꾸라지, 용미꾸라지, 미꾸리, 웅구락지
사는 곳 논이나 도랑에 산다.
좋아하는 먹이 진흙 속에 있는 양분
알 4~6월에 도랑이나 웅덩이에 있는 물풀 사이에 낳는다.

뱀장어

1995년 10월 강원도 춘천 용산리

뱀장어는 바다에서 태어나 강에서 자라는 물고기입니다. 우리나라에서는 강이나 호수, 논 같은 민물에서 살지요. 뱀같이 생긴 물고기라고 해서 뱀장어라고 부른답니다. 뱀장어는 몸이 통통하고 길어요. 그리고 등지느러미와 뒷지느러미, 꼬리지느러미가 하나로 이어져 있어요. 비늘은 없는 것처럼 보이지만 작고 둥근 비늘이 살갗에 묻혀 있어요. 뱀장어는 아가미로도 숨 쉬고 살갗으로도 숨을 쉽니다. 살갗으로 숨을 쉬기 때문에 물에서 나와서도 오랫동안 죽지 않지요. 낮에는 숨어 있다가 밤에 헤엄쳐 다니며 먹이를 먹습니다.

강에 사는 뱀장어는 깊은 바다에서 태어나 강을 거슬러 올라온 것입니다. 태어난 곳은 타이완이나 필리핀 언저리인데, 깊이가 3,000m나 되는 매우 깊은 바다라고 해요. 알에서 깨어난 어린 실뱀장어는 우리나라 쪽으로 올라와 가을철에 물 온도가 8~10℃쯤 되면 강과 바다가 만나는 곳에서 볼 수 있지요. 3월이 되면 강으로 올라옵니다. 강으로 올라온 뱀장어는 보통 5~12년 동안 민물에서 살아요. 그러다가 알을 낳을 때가 되면 자기가 태어난 깊은 바다로 돌아가서 알을 낳고 죽지요. 우리가 시장에서 보는 뱀장어는 거의 다 사람들이 기른 뱀장어랍니다. 어린 실뱀장어를 잡아서 기른 것이지요.

분류 어류 뱀장어목 뱀장어과
다른 이름 민물장어, 장어
사는 곳 강이나 저수지나 도랑에 산다.
좋아하는 먹이 작은 물고기
알 깊은 바닷속에 낳는다.

붕어

1997년 5월 강원도 춘천 고탄리

붕어는 물살이 느린 시내나 강, 웅덩이나 호수에 사는 민물고기입니다. 바닥이 보이지 않는 흐린 물에서도 살지요. 붕어는 사는 곳에 따라 색깔이나 크기가 다 달라요. 그래서 이름도 논붕어, 호박씨붕어, 쌀붕어, 똥붕어, 떡붕어 같이 여러 가지예요. 그 가운데서 쌀붕어는 흐르는 물에서 살아요. 비늘도 하얗고 맛도 좋지요. 똥붕어는 고인 물에서 사는데 색도 칙칙하고 맛도 없어요.

붕어는 잉어와 사는 곳도 비슷하고 생김새도 비슷합니다. 그러나 잉어는 수염이 있고, 붕어는 수염이 없어요. 잉어만큼 크게 자라지는 않지만 잉어보다 몸집이 통통해서 먹을 게 많아요. 그래서 바다가 먼 곳에 사는 사람들에게는 아주 좋은 반찬거리였답니다.

붕어는 4월에서 7월 사이에 알을 낳습니다. 알을 낳을 때가 되면 수컷은 몸에 돌기가 나지요. 암컷이 알을 낳아 물풀에 붙이면 수컷이 그 위에 정액을 뿌려 수정을 시킵니다. 알은 열흘 안에 깨어나요. 어린 붕어는 한 달이 지나면 2.5cm까지 자라고 한 해가 지나면 15cm쯤으로 크지요. 어려서는 새우나 곤충 같은 작은 생물을 먹고, 커 가면서 아무거나 가리지 않고 잘 먹어요. 겨울이 되면 깊은 곳으로 들어가서 가만히 물에 떠서 겨울잠을 잡니다.

분류 어류 잉어목 잉어과
다른 이름 논붕어, 똥붕어, 쌀붕어
사는 곳 저수지나 강에 산다.
좋아하는 먹이 새우, 곤충, 물풀 따위
알 4~7월 물풀 사이에 낳는다.

송사리

1995년 11월 강원도 춘천 군자리

송사리는 우리나라 시냇물이나 강 어디서나 사는 민물고기입니다. 물풀이 많은 연못이나 호수에 많이 사는데 바닷물이 섞인 곳에서도 살지요. 떼를 지어 사는데 조금만 건드려도 재빨리 흩어져서 숨어 버리지요.

흔히 '송사리 같다'는 말에는 작고 보잘것 없다는 뜻이 들어 있어요. 그만큼 송사리는 크기가 작지요. 송사리는 우리나라에 사는 민물고기 가운데 가장 작아요. 다 자라도 길이가 2.5~4cm밖에 안 된답니다. 하지만 가짓수는 매우 많아서 물고기 가운데 가장 종류가 많아요.

송사리는 몸에 견주어서 눈이 큰 편이고 등지느러미가 다른 물고기보다 뒤쪽에 붙어 있습니다. 알은 5월에서 8월 사이에 낳는데 한 해에 두세 번 낳지요. 암컷이 아침에 알을 낳아서 7~8시간 동안 배에 달고 다니다가 물풀에 붙이면 수컷이 정액을 뿌립니다. 어린 물고기는 알에서 깨어나서 4~6개월이 지나면 어미가 되어 알을 낳지요. 먹이는 플랑크톤을 좋아하지만 물풀이나 작은 곤충도 먹어요.

송사리는 잡기도 쉽고, 기르기도 쉬워요. 어항 속에 넣고 기르다 보면 자기들끼리 서로 자리를 차지하려고 다투는 모습도 볼 수 있답니다.

분류 어류 동갈치목 송사리과
다른 이름 눈쟁이, 쟁금치, 준챙이
사는 곳 시내나 강, 연못, 호수 어디서나 산다.
좋아하는 먹이 곤충, 물풀
알 5~8월 물풀 사이에 낳는다.

쏘가리

1995년 9월 강원도 춘천 심포리

쏘가리는 맑은 강물에 사는 민물고기입니다. 우리나라에서는 보통 쏘가리라 부르는 것과 천연기념물인 황쏘가리 두 가지가 있습니다. 이 물고기는 등지느러미 가시가 쏜다 하여 쏘가리라는 이름이 붙었다고 합니다. 민물에 사는 물고기 가운데 가장 맛이 있고 잘생겼다고 민물고기의 왕자로도 통하는 물고기이지요. 민물에 사는 꺽지와 바다에 사는 볼락과 닮았지만, 머리가 뾰족하고 몸통에 돌담 같은 검은 무늬가 있는 것이 특징이랍니다. 쏘가리는 흐린 물이나 따뜻한 물을 싫어해서 평생을 물이 맑고 흐름이 좋은 강 중간과 위쪽에서 살아요. 무리를 짓지 않고 혼자 외롭게 살지요. 식성은 육식성으로 작은 물고기나 새우를 잡아먹습니다.

바위틈에 숨어 있다가 먹이가 나타나면 날쌔게 먹이를 삼키고 다시 제자리로 돌아와 다음 먹이를 기다립니다. 알은 5월 중순부터 6월 중순 사이에 낳는데 물살이 센 강바닥에 낳습니다. 쏘가리는 어릴 때부터 외따로 떨어져 살면서 독립성이 강한 물고기로 자랍니다. 민물고기 가운데 맛이 가장 좋다고 옛날에는 천자어라고도 불렀답니다.

분류 어류 농어목 꺽지과
다른 이름 새가리, 속가리, 천잉어 따위
사는 곳 돌이 많은 맑은 강에 산다.
좋아하는 먹이 물고기, 새우 따위
알 5~6월 바닥에 자갈이 깔린 여울에 낳는다.

악어

1997년 9월 경기도 과천 서울대공원

악어는 뱀, 거북, 도마뱀과 같은 파충류에 딸린 육식동물입니다. 열대 지방과 아열대 지방의 강이나 늪에서 살고 있어요. 거의 하루 종일 물속에서 살지요. 눈과 콧구멍이 머리 위쪽에 붙어 있기 때문에 몸이 물에 통째로 잠겨도 눈으로 보거나 숨을 쉬는 데 아무 불편이 없습니다. 또 투명한 눈꺼풀을 갖고 있어서 물속 깊이 자맥질을 할 때도 앞을 볼 수 있어요. 마치 사람들이 쓰는 물안경과 같지요.

악어는 낮에는 강가에 나와서 햇볕을 쬐고 저녁에 먹이를 찾아 움직입니다. 먹성이 좋아서 먹을 수 있는 동물이라면 가리지 않고 먹어 치웁니다. 어렸을 때는 곤충, 개구리, 물고기, 조개 따위를 먹지만, 크면 젖먹이동물을 더 잘 잡아먹지요.

악어는 몸 안에서 씨를 받아 알을 낳습니다. 짝짓기는 물속에서 많이 하지요. 짝짓기가 끝나면 두 달 뒤에 암컷은 알 낳을 준비를 해요. 물에 잠길 염려가 없는 어두컴컴한 곳에 40~60개의 알을 낳아요. 그리고 새끼가 깨어날 때까지 석 달 동안 아무것도 먹지 않고 알을 지킵니다. 새끼가 깨어나면 입으로 물고 물가로 옮기지요. 악어는 새끼를 잘 돌보기로 이름이 났답니다.

분류 파충류
종류 앨리게이터, 가비, 인도악어 따위
사는 곳 열대, 아열대 지방에서 산다.
좋아하는 먹이 물고기, 개구리, 짐승 따위
알 땅 위에 40~60개를 낳는다.

연어

1997년 9월

연어는 골짜기 물이나 맑은 시냇물에서 태어나 바다에 가서 자라는 물고기입니다. 알을 낳을 때가 되면 자기가 태어난 강으로 되돌아오지요. 우리나라에는 가을에 동해로 흐르는 강이나 냇물에 연어가 올라옵니다. 이 연어들은 북태평양으로 옮아가서 어른으로 자란 것들이지요.

가을이 되면 수천 마리 연어가 떼를 지어 민물과 바닷물이 만나는 강 어귀에 몰려듭니다. 거기서부터 강물을 거슬러 올라가지요. 빠른 물살이나 폭포를 만나도 태어난 곳에 다다를 때까지 포기하지 않고 헤엄을 쳐요. 이렇게 해서 자기가 태어난 곳에 이르면 암컷은 알을 낳으려고 구덩이를 팝니다. 수컷은 그 둘레에서 다른 수컷이 다가오지 못하게 막지요. 암컷은 알을 낳는 데 온 힘을 다 씁니다. 수컷도 있는 힘을 다해서 알에 정액을 뿌리지요. 그래서 알을 다 낳고 나면 암컷과 수컷 모두 힘이 다하여 옛 모습을 잃고 죽게 됩니다. 이렇게 낳은 알은 두 달쯤 지나면 깨어납니다. 어린 연어는 강과 얕은 바다에서 얼마쯤 자란 뒤에 깊은 바다로 헤엄쳐 가지요. 연어가 알에서 깨어나서 바다로 갔다가 다시 강으로 돌아오기까지는 2년에서 4년까지 걸린답니다.

분류 어류 연어목 연어과
다른 이름 련어
사는 곳 가을에 동해로 흐르는 강을 거슬러 올라온다.
좋아하는 먹이 곤충, 새우, 게 따위
알 9~11월에 맑은 강바닥에 구덩이를 파고 낳는다.

우렁이

논바닥을 기어 다니는 우렁이

우렁이는 달팽이나 다슬기처럼 딱딱한 껍데기를 지닌 연체동물입니다. 우리나라 논이나 늪이나 못에서 살지요. 논우렁은 태어날 때부터 죽을 때까지 논에서 살면서 플랑크톤이나 물풀, 작은 생물 따위를 먹고 살아요. 요즘은 농약 때문에 숫자가 많이 줄었습니다. 논우렁은 백로의 먹이가 되기도 합니다.

우렁이는 달팽이와 친척 사이라고 할 수 있어요. 달팽이처럼 몸이 나사꼴의 껍데기로 덮여 있지요. 그런데 달팽이와는 달리 껍데기 주둥이에 뚜껑을 갖고 있습니다. 이 뚜껑 덕분에 적으로부터 몸을 지키기가 더 쉽지요. 또 달팽이는 허파로 숨을 쉬지만 우렁이는 물속에서 아가미로 숨을 쉽니다. 그러나 우렁이도 배다리로 기어 다니는 것은 마찬가지예요. 배 밑이 온통 발 구실을 하기 때문에 배다리라고 하지요. 논이나 연못에서 사는 우렁이는 물속의 돌이나 풀줄기에 붙은 푸른 이끼를 긁어 먹어요. 달팽이같이 치설이라고 하는 이빨 달린 혀로 긁어 먹지요.

우렁이는 암컷과 수컷을 알아보기가 쉽습니다. 보통 암컷이 수컷보다 몸집이 크고 수컷은 더듬이 끝이 꼬부라져 있지요. 우렁이는 알을 낳지 않고 새끼를 낳아요. 보통 한 해에 40~80마리쯤 낳지요.

분류 연체동물
다른 이름 고동, 골배이, 논고동, 우래이, 논우렁
종류 논우렁이, 긴우렁이, 여우렁이, 쇠우렁이
사는 곳 논이나 도랑이나 강에 산다.
좋아하는 먹이 물풀이나 흙속에 있는 양분
새끼 한 해에 40~80마리를 낳는다.

1997년 7월 경기도 의정부

우렁이 171

잉어

1997년 8월 강원도 춘천 소양강

잉어는 물살이 세지 않은 큰 강이나 웅덩이나 못에 사는 민물고기입니다. 공원 연못에서 많이 기르는 비단잉어도 같은 종류지요. 우리나라 강이면 어디든지 살지만 대부분 사람이 옮겨 놓은 것이랍니다. 생김새는 붕어와 비슷하지만 붕어보다 몸집이 큽니다. 몸길이가 50cm 안팎이고 1m가 넘는 것도 있어요. 또 붕어와는 달리 입 둘레에 두 쌍의 수염이 있지요. 잉어의 수염은 먹이를 찾고 맛을 보는 일을 해요. 먹이는 물풀이나 조개, 곤충, 어린 물고기 같은 것이에요. 어떤 것이든 가리지 않고 잘 먹지요.

잉어는 4월에서 5월 사이에 알을 낳아요. 알은 낮에 많이 낳는데 물풀 줄기나 잎에 붙여 두지요. 어린 물고기는 1년이 지나면 12cm쯤 큽니다. 어른 물고기가 되면 못의 깊은 곳으로 자리를 옮겨서 삽니다. 물 온도가 낮고 흐린 물에서도 잘 살아남지요. 보통 30~40년 동안 살기 때문에 물고기 가운데서는 아주 오래 사는 편이에요.

잉어는 옛날부터 우리나라에서 몸을 튼튼하게 하거나, 병을 낫게 하려고 달여 먹었지요. 아기를 가진 엄마가 먹으면 아기에게도 엄마에게도 아주 좋다고 해요. 그래서 귀한 물고기로 여긴답니다. 옛이야기에도 많이 나오지요.

분류 어류 잉어목 잉어과
다른 이름 골배기, 발갱이, 주리기, 멍짜, 니어
사는 곳 강이나 저수지나 웅덩이에 산다.
좋아하는 먹이 물풀, 조개, 물속 곤충, 물고기 따위
알 4~5월 물풀이 우거진 물가에 낳는다.

자라

1997년 9월 서울 노량진 수산시장

자라는 강이나 연못에 사는 파충류에 딸린 동물입니다. 자라는 남생이와 달리 등딱지가 부드러운 살갗으로 덮여 있지요. 위험을 느끼면 등딱지 속에 머리와 다리를 숨겨 몸을 지킵니다. 그러나 딱지 때문에 몸이 무거워서 땅 위에서는 빨리 움직일 수 없어요.

자라는 거의 물속에서 삽니다. 낮에는 못이나 물 밑에 있는 진흙 속에 숨어 있어요. 때때로 긴 목을 뻗어 길게 나온 코를 물 위로 내밀고 숨을 쉬기도 하지요. 햇볕을 쬐려고 물가로 기어 나오기도 한답니다. 자라는 발가락 사이에 물갈퀴가 있어서 헤엄도 잘 치고 물속에서는 제법 빨리 움직입니다. 턱은 부드러워 보이지만 힘이 세서 조개처럼 딱딱한 먹이도 씹어서 으깰 수 있어요. 또 성질도 거칠어서 걸핏하면 물려고 덤벼들지요. 한번 물면 좀처럼 놓지도 않아요. 자라는 개구리나 물속 곤충, 조개 따위를 잡아먹고 살아요. 물속 자갈 틈에 숨어서 머리만 내밀고 물고기를 잡아먹기도 한답니다.

5~7월에 물가로 올라와서 구멍을 파고 알을 낳습니다. 지름이 2cm쯤 되는 하얀 공처럼 생긴 알을 30~60개 낳지요. 알을 낳고 나면 흙으로 덮어 줍니다. 두 달이 지나면 새끼들이 깨어나 밖으로 나옵니다.

분류 파충류
다른 이름 자래
사는 곳 개울이나 연못에 산다.
좋아하는 먹이 물속 곤충이나 조개 따위
알 5~7월 땅에 낳는다.

남생이 1993년 10월

퉁가리

1997년 4월 강원도 춘천 지암리

퉁가리는 깨끗한 강이나 시냇물에 사는 민물고기입니다. 비슷하게 생긴 자가사리나 동자가사리와 함께 우리나라에서만 나는 물고기라고 해요. 지느러미에 가시가 있어서 사람들은 잡으면 쏘는 물고기라고 알고 있지요. 퉁가리 가시에 찔리면 피가 나면서 따갑고 쓰립니다. 쏘는 물고기라고 탱과리, 텅시, 쏠뱅이라고 부르는 고장도 있어요.

퉁가리는 살갗이 미끌미끌하고 수염은 네 쌍이나 있습니다. 몸은 원통꼴에 가까운데, 앞쪽은 위아래로 납작하고 뒤쪽은 옆으로 납작하지요. 메기하고도 닮았어요. 강 중간이나 위쪽의 돌이 많은 곳을 좋아하고 물이 잘 흐르는 곳에 많이 삽니다. 낮에는 돌 밑에 숨어 있다가 밤이 되면 먹이를 찾아 나오지요. 퉁가리는 강물 바닥에 사는 곤충을 잡아먹고 살아요.

알 낳는 때는 5월에서 6월 사이인데 깨끗한 바닥의 돌 밑에 덩어리로 뭉쳐 낳습니다. 8일쯤 지나면 어린 퉁가리가 깨어납니다. 새끼는 2년쯤 자라면 어른 퉁가리가 되지요. 퉁가리는 맑은 물을 좋아하기 때문에 날이 갈수록 수가 줄어들고 있다고 해요. 무척 안타까운 일이지요.

분류 어류 메기목 퉁가리과
다른 이름 쏠자개, 쏠뱅이, 텅수
사는 곳 시냇물이나 맑은 강물에 산다.
좋아하는 먹이 물속 곤충
알 5~6월 돌 밑에 낳는다.

플라나리아

1998년 2월 강원도 정선

플라나리아는 맑은 골짜기 물속에서 사는 작은 생물입니다. 작은 돌 밑을 들추면 거머리처럼 기어 다니는 것을 볼 수 있어요. 돌거머리라고 부르기도 하지요. 몸은 아주 납작하고 길며 양쪽 끝이 둥글게 생겼어요. 자세히 보면 앞쪽은 세모꼴이고 까만 점이 두 개 있습니다. 그게 바로 눈이에요. 몸 빛깔은 갈색인데 사는 곳에 따라 조금씩 달라요. 돌이나 나뭇잎과 빛깔이 비슷해서 눈에 잘 안 띄지요.

햇빛을 싫어해서 언제나 돌 밑이나 나뭇잎 밑에 붙어서 살아요. 돌에 붙어 사는 물풀이나 낙엽이나 죽은 동물 따위를 먹고 살지요. 기어갈 때는 지렁이처럼 꿈틀거리지 않고 미끄러지듯이 움직입니다. 움직일 때 건드리면 몸이 움츠러들어 아주 작아지지요.

플라나리아는 되살아나는 힘이 세서 몸이 둘로 나뉘거나 여러 동강이 나도 따로따로 살아남습니다. 몸의 한 부분을 떼어 내어 다른 플라나리아에 옮겨 붙이면 머리가 두 개이거나 꼬리가 두 개인 것이 생겨나지요. 이런 특징 때문에 여러 가지 과학 실험에 많이 씁니다. 또 몸이 둘로 나뉘어 수를 늘리기도 하고 짝짓기를 해서 새끼를 치기도 합니다.

분류 편형동물
다른 이름 돌거머리
사는 곳 산골짜기나 맑은 시냇물에 산다.
좋아하는 먹이 물풀, 낙엽 따위
새끼 봄에 고치를 만든다. 고치 속에서 4~6마리가 나온다.

피라미

암컷 1995년 8월 강원도 춘천 소양강

혼인색을 띤 수컷 1995년 8월 강원도 춘천 소양강

우리나라의 강이나 시냇물 어디에서나 볼 수 있는 흔한 민물고기예요. 그래서 지방에 따라 부르는 이름도 여러 가지랍니다. 피리, 피랭이, 잘피리, 잘퉁이, 천어, 불거지, 먹치, 먹주리 같은 갖가지 이름으로 부른답니다. 피라미는 물이 웬만큼 흐려도 잘 살아요. 또 댐이나 보가 생겨서 물길이 바뀌어도 잘 견디지요. 그래서 다른 물고기들보다 훨씬 많은 수가 살아남았답니다.

몸은 반짝이는 은빛 비늘로 덮여 있고, 몸매는 길고 날씬합니다. 눈에는 붉은 점이 있어요. 갈겨니와 많이 닮았는데 피라미는 물이 흐린 강 아래에서도 살지만, 갈겨니는 강 중간이나 위쪽의 깨끗한 물에서만 살아요. 또 갈겨니보다 머리와 눈이 좀 작지요.

피라미는 6~8월에 알을 낳습니다. 알을 낳을 때가 되면 수컷은 혼인색을 띠어 몸 빛깔이 뚜렷하게 달라져요. 등 쪽에 푸른색이 짙어지고, 배와 지느러미에 붉은색이 나타나지요. 입 주둥이에는 오돌오돌한 돌기가 생겨요. 암컷은 바닥에 모래와 자갈이 깔린 곳에 구덩이를 파고 알을 낳아요. 알에서 깨어난 새끼는 2년이 지나면 어른 피라미가 되지요. 피라미는 모래나 자갈에 붙은 물풀을 즐겨 먹고 물속 곤충을 먹기도 해요.

분류 어류 잉어목 잉어과
다른 이름 행베리, 피리, 버들개, 지너리, 불거지
사는 곳 시냇물이나 맑은 강물에 산다.
좋아하는 먹이 물속 곤충, 물풀 따위
알 6~8월 물살이 느린 곳에 낳는다.

바다에 사는 동물

바다에 사는 갖가지 동물

바다에는 동물이 헤아릴 수 없을 만큼 많이 살아요. 같은 바다라도 물의 깊이나 온도에 따라서 사는 동물이 다르지요. 명태처럼 찬물을 좋아하는 것도 있고, 고등어처럼 따뜻한 물을 좋아하는 것도 있어요. 가오리나 가자미처럼 바다 밑바닥에서 사는 물고기도 있지요. 따개비나 굴처럼 바위에 붙어 사는 것도 있고, 갯지렁이처럼 갯벌의 개흙 속에 구멍을 파고 사는 것도 있답니다. 그런데 전체 바다에 사는 동물 가운데 우리가 알고 있는 동물은 아주 적어요. 바다는 워낙 넓고 깊으니까요.

바다에 사는 동물 가운데는 우리가 먹을 수 있는 것이 많아요. 시장에만 가 보아도 이름조차 모르는 바다 생물들이 많이 나와 있지요. 우리나라는 바다로 둘러싸여 있어서 옛날부터 물고기와 조개 따위가 많이 잡혔어요. 미역이나 김 같은 바닷말도 많이 따 먹었지요. 요즘은 바닷말이나 굴, 조개 따위를 사람이 기르기도 합니다.

바다에서 잡은 물고기는 포를 떠서 말리거나 통조림을 해서 먹기도 하지요. 또 바다에 사는 동물의 몸속에 있는 성분을 뽑아서 약을 만들기도 해요. 동물의 껍데기나 등딱지 따위를 재료로 해서 자개장이나 장식품 따위를 만들기도 하지요.

불가사리

문어

가자미

참가자미 1995년 7월 경북 울진

가자미는 우리나라 가까운 바닷속에서 사는 바닷물고기입니다. 우리나라에는 40가지쯤 산다고 해요. 그 가운데서 우리가 시장에서 많이 보는 것은 참가자미, 문치가자미, 층거리가자미, 돌가자미 따위예요. 가자미는 넙치와 비슷하게 생겼는데 눈이 쏠린 쪽이 달라요. 눈이 오른쪽에 몰려 있으면 가자미이고 왼쪽에 있으면 넙치예요. 가자미나 넙치나 어렸을 때는 다른 물고기처럼 눈이 몸통 양쪽에 붙어 있지요. 그런데 4~5cm쯤 자라면 넙치는 왼쪽으로, 가자미는 오른쪽으로 쏠리기 시작하지요.

　가자미는 바닥이 모래로 된 얕은 바다를 좋아해요. 몸통에서 등 쪽은 둘레의 모래 색깔과 같고 배 쪽은 희지요. 그래서 모래 위에 납작 엎드려서 가만히 있으면 얼른 알아볼 수가 없어요. 눈만 밖으로 드러낸 채 몸을 모래 속에 파묻고 가만히 있으면 여간해서는 알아볼 수가 없지요. 이렇게 자기 몸을 지키려고 몸 색깔을 둘레와 똑같이 하는 것을 보호색이라고 합니다. 먹이로는 작은 물고기나 조개 따위를 잡아먹어요. 알은 겨울에 많이 낳지요.

　가자미는 우리 겨레가 오래전부터 즐겨 먹던 반찬거리예요. 익혀서도 먹고, 날로도 먹고, 말려서도 먹었지요. 특히 동쪽 바닷가 사람들이 많이 먹는 가자미식혜는 맛있기로 이름난 음식이랍니다.

분류 어류 가자미목 가자미과
다른 이름 가재미, 까재미, 납세미
종류 참가자미, 문치가자미, 돌가자미 따위
사는 곳 바다 밑바닥에서 산다.
좋아하는 먹이 조개류, 어린 물고기
알 참가자미는 10~3월에 알을 낳는다.
잡는 때 4~6월

갈치

1995년 10월 경북 울진

갈치는 따뜻한 바닷물을 따라서 우리나라 바다에 오는 바닷물고기입니다. 칼처럼 생긴 물고기란 뜻에서 갈치라는 이름이 붙었다고 해요. 옛날에는 칼을 갈이라고도 했으니까요. 갈치를 칼치라고 부르기도 하지요. 우리나라에서는 여름에 많이 잡힐 뿐더러 맛도 여름 갈치가 좋답니다. 소금에 절이거나 말리면 오랫동안 두고 먹을 수도 있어서 여름철 밑반찬으로 많이 먹었지요. 갈치 내장으로는 젓을 담가 먹기도 합니다.

갈치는 몸이 아주 길고 납작해요. 송곳처럼 날카로운 이빨이 아주 많이 나 있어요. 그래서 아무거나 잘 먹는다고 해요. 새끼 때는 바닷물에 떠다니는 작은 동물들을 먹다가 커서는 정어리나 오징어, 새우 같은 것을 잡아먹지요. 갈치는 헤엄치는 모습이 다른 물고기와 많이 달라요. 급할 때가 아니면 머리를 위로 쳐들고 몸을 세워서 헤엄치지요.

우리나라 가까이에 사는 갈치는 겨울에는 남쪽 깊은 바다로 나갔다가 여름에는 알 낳을 곳을 찾아 다시 올라옵니다. 그러나 제주도 바다는 일 년 내내 따뜻한 물이 흐르기 때문에 겨울에도 갈치를 많이 잡는답니다. 알은 4월에서 8월 사이에 낳아요. 알에서 깨어난 새끼는 두 해가 지나면 어른 갈치가 되지요. 한 해 자란 갈치는 길이가 30~40cm쯤 되고 4년이 지나면 1m에 이릅니다.

분류 어류 농어목 갈치과
다른 이름 칼치, 깔치, 빈쟁이
사는 곳 따뜻한 물을 따라 남해와 서해에 온다.
좋아하는 먹이 정어리, 전어, 민어, 새우 따위
알 4~8월에 낳는다.
잡는 때 일 년 내내 잡는데, 여름에 많이 잡는다.

갯지렁이

참갯지렁이 1995년 11월 경북 울진

갯지렁이는 바닷가 갯벌에서 사는 동물입니다. 지렁이와 같은 환형동물 무리이지요. 갯벌에서 가장 흔하게 볼 수 있는 동물이에요. 우리나라 서해안에는 세계에서 가장 발달한 갯벌이 펼쳐져 있어서 갯지렁이가 살기에 알맞은 곳이 참 많아요.

갯지렁이는 지렁이처럼 몸이 가늘고 길어요. 또 마디로 이루어져 있지요. 하지만 지렁이와 달리 몸이 밋밋하지 않고 다리와 가시가 무척 많아요. 마디는 가락지처럼 생겼는데, 수많은 마디가 세로로 길게 이어져 있어서 길이가 2m나 되는 것도 있지요. 흔히 갯벌 속이나 바위에 붙어 사는데, 종류마다 먹이가 다르답니다. 아주 작은 바다 동물을 먹는 것도 있고, 펄 속에 사는 작은 양분 덩어리를 먹는 것도 있어요.

갯지렁이는 물고기의 좋은 먹이예요. 그래서 낚시질을 할 때 물고기 미끼로 써요. 우리나라는 갯지렁이를 잡아서 일본이나 대만, 이탈리아 같은 나라에 파는데 그동안 너무 잡아서 갯지렁이가 점점 줄어들고 있어요. 갯지렁이는 오염 물질을 먹어 없애 펄을 깨끗하게 하는 이로운 동물인데 함부로 잡아서 숫자가 준다니 참 안타까운 일이지요.

분류 환형동물
다른 이름 개지렁이, 개지네, 갯지네
사는 곳 바닷가 갯벌에 굴을 파고 산다. 기르기도 한다.
좋아하는 먹이 모래 속이나 펄 속에 있는 양분
알 참갯지렁이는 봄에 바닷물에 알을 낳는다.

거북

거북은 파충류 가운데 아주 오랜 옛날부터 살았던 동물입니다. 민물에서 사는 남생이와 자라도 거북 무리예요. 그런데 보통 거북이라고 부르는 것은 바다에 사는 거북을 말합니다. 거북은 옛날부터 오래 사는 동물로 알려져 왔어요. 100년을 넘게 사는 거북도 있다고 하니까요.

거북은 배와 등이 딱딱한 딱지로 덮여 있어요. 등딱지는 살갗과 뼈가 바뀐 것이에요. 등딱지는 거북이 자라면서 함께 자라지요. 그래서 뱀과는 달리 껍질을 벗지 않는답니다. 위험이 닥쳐오면 딱딱한 딱지 속에 몸을 숨겨 목숨을 지키지요. 거북은 이빨은 없지만 턱에 칼처럼 생긴 돌기가 있어서 먹이를 씹

분류 파충류
다른 이름 거부기
종류 바다거북, 장수거북 따위
사는 곳 열대와 아열대 바다에 많이 산다.
좋아하는 먹이 바닷말
알 바닷가 모래에 구덩이를 파고 낳는다.

어 먹을 수 있어요. 바닷말이나 물고기, 해파리 따위를 가리지 않고 먹어요.

거북은 열대와 아열대 바닷속을 헤엄쳐 다니며 살아요. 우리나라에는 5월 하순에서 8월 사이에 바닷가에 나타나기도 합니다. 거북은 알을 낳을 때가 되면 뭍으로 올라와요. 밤에 암컷이 바닷가 모래 위로 올라와서 구덩이를 파고 알을 낳지요. 한 번에 낳는 알은 보통 120~200개쯤 되지요. 그러나 알에서 깨어나자마자 거의 게나 갈매기들에게 잡아먹히고, 살아서 바다로 돌아가는 거북은 몇 마리 안 된다고 합니다.

바다거북 1993년 6월

게

꽃게 1997년 9월 서울 대조동 대조시장

게는 새우나 가재와 같은 무리에 드는 동물입니다. 몸이 딱딱한 껍데기에 덮여 있다고 갑각류라고 하지요. 게는 종류에 따라서 사는 곳이 달라요. 칠게와 농게는 펄에 구멍을 파고 살고, 달랑게는 모래밭에서 살아요. 바위게는 바위틈이나 돌 밑에 살고, 꽃게는 바닷속에서 산답니다. 참게처럼 논에 사는 게도 있어요.

　게는 머리 앞에 눈 한 쌍과 더듬이 두 쌍이 붙어 있어요. 갯벌에 사는 게는 긴 눈자루가 있어서 둘레를 살펴보기 쉽지요. 게는 다리가 열 개인데, 집게다리가 두 개이고 걷는 다리가 여덟 개예요. 집게다리는 먹이를 잡아먹거나 적과 싸울 때 써요. 바닷속에 사는 꽃게는 뒷다리 한 쌍이 노처럼 생겨서 헤엄쳐 다니기에 좋지요.

　게는 보통 봄과 여름에 짝짓기를 하고 알을 낳아요. 암컷은 알을 낳아 배에 품었다가 어린 새끼가 깨어나면 바닷물에 풀어 놓지요. 어린 새끼는 바다를 떠다니며 껍데기를 벗고 자랍니다. 게는 껍데기가 늘어나지 않기 때문에 어른이 된 다음에도 허물을 벗으면서 자랍니다. 게는 사는 곳에 따라 먹이가 달라요. 갯벌에 사는 게는 펄 속에 있는 어린 생물을 먹어요. 바위틈에 사는 게는 바닷말을 먹지요. 물고기나 조개 따위를 먹는 게도 있어요.

분류 절지동물 갑각류
다른 이름 거이, 그이, 기, 끼
종류 농게, 바위게, 꽃게, 대게 따위
사는 곳 갯벌부터 깊은 바다까지 종류에 따라 사는 곳이 다르다.
좋아하는 먹이 펄 속에 있는 양분, 물고기, 고둥 따위
알 꽃게는 봄에 알을 낳는다.
잡는 때 꽃게는 봄에 서해에서 많이 잡는다.

고등어

1995년 8월 경북 울진

고등어는 따뜻한 물을 따라 넓은 바다를 헤엄쳐 다니는 바닷물고기입니다. 등이 둥글게 올라 있다고 고등어라는 이름이 붙었다고 해요. 고등어는 기름져서 옛날부터 누구나 즐겨 먹던 물고기랍니다.

고등어는 등이 푸른색이고, 등 쪽에 검은 무늬가 있어요. 우리나라에는 2월에서 3월 사이에 제주도 앞바다로 몰려와요. 날이 따뜻해지면 한 무리는 동해로 올라가고, 한 무리는 서해로 올라가지요. 5월에서 7월 사이에 알을 낳아요. 이때 고등어를 가장 많이 잡습니다. 알을 낳고 10월쯤 되면 다시 남쪽으로 내려가지요. 깊이가 200~350m쯤 되는 깊은 바다에서 겨울을 보내고 이듬해에 다시 알 낳을 곳을 찾아 북쪽으로 올라옵니다.

알을 낳은 고등어는 남쪽으로 가기에 앞서 닥치는 대로 먹이를 먹어요. 이때가 이른 가을에서 늦가을까지인데 고등어 맛이 가장 좋을 때여서 '가을고등어'라는 말까지 있어요. 고등어는 속살이 붉고 힘살이 단단해요. 흰살 생선보다 기름기가 많이 들어 있어요. 그래서 다른 물고기보다 빨리 상하니 시장에서 사 오면 바로 반찬을 만들어 먹어야 합니다. 상하지 않게 하려고 싱싱할 때 소금을 듬뿍 뿌려서 고등어자반을 만들어 두었다가 먹기도 하지요.

분류 어류 농어목 고등어과
다른 이름 고둥에, 고드어, 고마에
사는 곳 따뜻한 물을 따라 동해, 남해, 서해에 두루 온다.
좋아하는 먹이 새우, 작은 물고기 따위
알 5~7월에 낳는다.
잡는 때 여름, 가을

굴

1997년 11월 충남 보령

굴은 바위나 딱딱한 것에 붙어 사는 조개입니다. 밀물 때가 되면 물에 잠기고 썰물 때가 되면 바닥이 드러나는 바닷가에 살지요. 우리나라는 서해안과 남해안에서 많이 나는데 먹으려고 일부러 기르기도 해요. 기를 때는 물속에 딱딱한 물건이나 줄을 늘어놓아서 기르지요. 굴은 물속에 잠겨 있으면 더 빨리 자라니까요.

굴은 봄과 가을 사이에 알을 낳아요. 알에서 깨어난 새끼들은 2주쯤 물속을 떠다니다가 바위에 달라붙은 뒤에 거기서 줄곧 살아갑니다. 그래서 다른 조개들과는 달리 발이 없지요. 껍데기 생김도 똑같지 않고 울퉁불퉁 제멋대로 생겼어요. 먹이로는 바닷물이 들어왔을 때 물속에 있는 플랑크톤을 걸러 먹고 살아요. 물이 빠지면 조가비를 굳게 닫고 다음 밀물 때를 기다립니다.

굴은 가을과 겨울 사이에 살이 토실토실하게 올라서 맛이 좋아요. 알을 낳을 때가 되면 맛도 떨어지고 독이 있어서 먹었다가 탈이 날 수 있어요. 굴은 '바다의 우유'라고 할 정도로 몸에 좋은 영양분이 많이 들어 있어요. 또 소화가 잘 되어서 어린이와 몸이 약한 사람이 먹어도 좋아요. 굴은 날로도 먹지만 온갖 음식을 만들어 먹어요. 젓갈을 담가 먹기도 하고 김치에도 넣어요. 밥이나 국에도 넣지요.

분류 연체동물
다른 이름 꿀, 생굴, 석화
종류 참굴, 강굴, 바위굴, 털굴, 벗굴 따위
사는 곳 바닷가 바위에 붙어 산다. 기르기도 한다.
좋아하는 먹이 물속에 있는 양분
알 봄과 가을에 낳는다.
따는 때 봄, 가을

날치

1997년 10월

날치는 열대나 온대 지방 언저리에서 떼를 지어 사는 바닷물고기입니다. 물 위를 날아다닌다고 날치라고 부르지요. 온 세계에 62가지가 있고, 우리나라에는 날치, 제비날치, 새날치, 매날치, 황날치, 상날치 여섯 가지가 나타납니다. 빛을 보고 모여드는 성질이 있어서 옛날에는 밤에 횃불을 밝히고 작살로 잡았다고 합니다.

날치는 몸통이 가늘고 길어요. 다른 물고기에 견주어 가슴지느러미가 무척 커서 쉽게 알아볼 수 있습니다. 물속을 헤엄치다가 꼬리지느러미를 빠르게 쳐서 물 밖으로 튀어 오릅니다. 물 밖에서는 날개처럼 생긴 가슴지느러미를 활짝 펴고 앞으로 가지요. 물에 내릴 때는 비행기처럼 꼬리지느러미를 먼저 물에 대고 배지느러미, 가슴지느러미 차례로 물에 닿아요. 날치는 한 번에 30m를 넘게 날 수 있고, 한 시간에 70km쯤 되는 빠른 속도로 난다고 해요.

열대 바다에서는 아무 때나 알을 낳지만, 온대 지방 바다에서는 따뜻한 철에만 알을 낳습니다. 알을 낳을 때는 떼를 지어 가까운 바다로 몰려와서 바닷말 속에 알을 낳지요. 알에는 알 길이의 20배쯤 되는 긴 실이 붙어 있어서 바닷말을 감고 매달려 있답니다. 알에서 깨어난 새끼는 1년이면 어른이 되고 15~50cm 크기로 자랍니다.

분류 어류 동갈치목 날치과
종류 날치, 제비날치, 새날치, 매날치 따위
사는 곳 따뜻한 물을 따라 먼 바다를 헤엄쳐 다닌다.
좋아하는 먹이 물에 떠 있는 아주 작은 동물
알 봄부터 가을까지 가까운 바다에 낳는다.
잡는 때 6~7월

다랑어(다랭이)

가다랑어 1997년 10월

다랭어는 따뜻한 바닷물을 따라서 먼바다를 헤엄쳐 다니는 바닷물고기입니다. 다랭이라고도 하고 참치라고도 부르지요. 서양 사람들은 고기 맛이 닭고기 같다고 바다의 닭고기라고도 한대요. 우리가 통조림으로 많이 먹는 다랭어는 거의 우리나라 사람이 먼 바다로 나가서 잡은 것들이랍니다. 이런 것을 먼 바다에서 하는 고기잡이라는 뜻으로 원양 어업이라고 하지요.

다랭어는 태평양, 대서양, 인도양 같은 넓은 바다를 오가며 살아갑니다. 따뜻한 물을 따라 넓은 바다를 남북으로 헤엄쳐 다니지요. 다랭어는 아주 빠른 물고기예요. 몸통이 통통하고 주둥이와 꼬리가 뾰족한 방추꼴이어서 헤엄치기에 좋지요. 또 꼬리지느러미가 잘록해서 물을 헤치는 힘이 세요. 한 시간에 70km가 넘는 속도로 헤엄을 친다고 해요. 먹이로는 작은 물고기, 오징어, 새우 따위를 먹습니다.

우리나라에는 쿠로시오라는 이름이 붙은 따뜻한 바닷물의 흐름을 따라 제주 바다와 남해에 나타나지요. 여름에 동해에 나타나는 다랭어는 참다랭어와 날개다랭어입니다. 참다랭어는 살갗이 검고 가슴지느러미가 짧아요. 다랭어 무리 가운데 가장 크지요. 길이가 3m에 몸무게가 350kg이나 되는 것도 있어요. 날개다랭어는 가슴지느러미가 길어요.

분류 어류 농어목 고등어과
다른 이름 참치
종류 참다랭어, 날개다랭어, 눈다랭어
사는 곳 따뜻한 물을 따라 먼 바다를 헤엄쳐 다닌다. 제주 바다와 남해에 온다.
알 6~7월에 남방에 낳는다.
좋아하는 먹이 작은 물고기, 오징어, 새우, 해파리 따위

돌고래(물돼지)

참돌고래(알락물돼지) 1997년 8월 경기도 과천 서울대공원

돌고래는 바다에서 사는 매우 영리한 젖먹이동물입니다. 우리나라에서는 오래전부터 물돼지라고 불렀지요. 등지느러미가 있는 것은 따로 알락물돼지라고도 불러요. 바다에서 산다고 물고기로 알기 쉬운데 새끼를 낳아 젖을 먹여 기르는 젖먹이동물이에요. 돌고래는 아가미로 숨을 쉬는 물고기와 달리 허파로 숨을 쉽니다. 그래서 숨을 들이쉴 때마다 물 위로 나와서 허파에 공기를 가득 채웁니다.

돌고래는 바닷가 가까운 곳에서는 몇 마리가 무리를 지어 살지만, 깊은 바닷속에서는 수백 마리가 떼를 지어 움직이기도 합니다. 돌고래는 흐린 물속에서도 초음파로 먹이를 찾아내지요. 먹이를 찾으면 서로 힘을 모아 잡기도 합니다. 먹이로는 새우나 멸치나 정어리 같은 작은 물고기를 즐겨 먹는답니다.

돌고래는 새끼를 한 해에 한 마리씩 물속에서 낳아요. 새끼는 어미 배 아래쪽에 붙은 젖꼭지에서 젖을 빨아 먹으면서 자라요. 새끼는 나자마자 숨쉬는 법을 배우고 물 위로 떠오르는 법을 배우지요. 돌고래는 아주 영리해서 복잡한 재주도 쉽게 배웁니다. 그래서 동물원에서 기르면서 재주를 가르치기도 하지요.

분류 포유류 고래목 돌고래과
다른 이름 곱등어
사는 곳 먼바다에서 따뜻한 물을 따라 다니다가 봄에 가까운 바다에 온다.
좋아하는 먹이 오징어, 새우, 물고기 따위
새끼 여름에 한 마리씩 낳는다.

따개비

바위에 다닥다닥 붙어 있는 따개비

따개비는 바닷가 바위나 딱딱한 곳에 붙어서 살아가는 동물입니다. 고래나 상어, 게 같은 다른 동물 몸에 붙어 살기도 해요. 배 밑창 같은 곳에 붙어서 배가 앞으로 잘 나가지 못하게도 한대요. 한번 자리를 잡으면 옮기지 않고 살아가요. 그래서 눈과 더듬이, 발이 작아지거나 없어졌어요.

따개비는 단단한 껍데기가 온몸을 덮어 싸서 지켜 주지요. 언뜻 보면 조개와 닮았지만 알고 보면 생김새도 사는 모습도 많이 다르답니다. 껍데기 위쪽에는 작은 문이 있고 몸은 4~6개의 작은 판으로 이루어져 있어요. 바닷물이 빠지면 껍데기를 닫고 있다가 바닷물이 밀려오면 껍데기 위쪽을 열어요. 껍데기 위쪽에서 깃털 같은 다리를 펼치지요. 그러다가 물에 떠도는 작은 생물이 다리에 걸리면 잡아먹습니다.

따개비는 암수가 한몸이지만 혼자서는 알을 낳을 수 없어요. 다른 따개비와 짝짓기를 해야 알을 낳지요. 따개비들이 바위 위에 무리 지어 붙어 사는 것은 다른 따개비와 짝짓기를 하려고 그러는 거예요. 그래야 알을 낳고 어린 따개비를 남기지요. 어린 새끼는 살기에 마땅한 곳을 찾아서 물 위를 떠다닙니다. 알맞은 곳을 찾으면 그곳에 꼭 달라붙어 살아가지요. 어린 따개비는 물 위를 떠다니다가 다른 동물의 먹이가 되기도 해요.

1995년 11월 경북 울진

분류 절지동물 갑각류
다른 이름 굴등
종류 주걱따개비, 검은큰따개비, 조무래기따개비 따위
사는 곳 바닷가 바위나 딱딱한 곳에 붙어 산다.
좋아하는 먹이 물속에 있는 양분
알 종류마다 다른데 보통 봄에 낳는다.

멍게

1995년 7월 경북 울진

멍게는 얕은 바다에 사는 주머니처럼 생긴 동물입니다. 바위처럼 단단한 곳에 붙어 살지요. 우렁쉥이라고도 부르는데 양식장에서 기르기도 해요. 겉 껍데기가 딱딱하고 속은 물렁물렁하지요. 겉은 울퉁불퉁한 것도 있고, 주름이 많이 진 것도 있어요.

멍게를 손으로 건드리면 물총처럼 물을 내뿜어요. 멍게는 몸의 위쪽에 큰 구멍이 두 개 있어요. 하나는 물이 들어가는 구멍이고 다른 하나는 물이 나오는 구멍이지요. 물이 들어가는 구멍으로 바닷물을 빨아들여 그 속에 있는 먹이를 걸러 먹고 공기도 마십니다. 물이 나오는 구멍으로는 찌꺼기를 버리지요. 물이 나오는 구멍으로 알을 낳기도 해요.

멍게는 겨울철 11월에서 이듬해 3월 사이에 알을 낳아요. 암컷과 수컷이 따로 있지 않고, 한 마리가 암컷과 수컷 노릇을 다 하지요. 한 마리가 알과 정자를 바닷물에 낳는데, 한 번에 20만 개 남짓 낳는다고 해요. 그러면 그 알과 정자는 다른 멍게에서 나온 알과 정자를 만나 수정됩니다. 새끼는 올챙이처럼 긴 꼬리가 있고 물속을 떠다녀요. 하루가 지나면 앞으로 살아갈 곳을 찾아 붙어요. 그곳에서 옮기지 않고 줄곧 살아가지요.

멍게는 익혀 먹기보다는 날로 많이 먹어요. 여름에 나는 멍게가 가장 맛이 좋답니다.

분류 척삭동물 해초류
다른 이름 우렁쉥이
사는 곳 얕은 바다에서 바위나 조개, 닻줄에 붙어 산다. 기르기도 한다.
좋아하는 먹이 물속에 있는 양분
알 11~3월에 낳는다.
따는 때 여름

멸치

1995년 8월 경북 울진

멸치는 따뜻한 바닷물을 따라 떼를 지어 사는 바닷물고기입니다. 우리나라 바다 어디서나 살지만 남해에 많이 몰려들지요. 남해에서도 통영과 추자도에서 많이 잡힙니다. 멸치라는 이름에는 작은 물고기라는 뜻이 들어 있다고 해요. 또 물 밖으로 나오면 금방 죽어 버린다는 뜻도 있답니다. 배는 은빛 나는 흰색이고 등은 짙은 푸른색이에요. 다른 물고기에 견주어 아래턱이 위턱보다 짧지요.

멸치는 4월에서 6월 사이에 알을 많이 낳습니다. 다른 물고기는 알이 둥근데 멸치는 알이 타원꼴이지요. 알에서 깨어나서 한 해쯤 지나면 11cm쯤 자랍니다. 그러나 종류에 따라서 아주 작은 것도 있고 큰 것도 있어요. 보통 1년에서 2년쯤 살다가 죽지요.

우리나라에서는 봄과 가을에 멸치잡이를 많이 해요. 멸치를 잡을 때는 불을 환히 밝혀 놓고 잡습니다. 빛을 보면 모여드는 멸치의 버릇을 이용한 것이지요. 잡은 멸치는 그냥 먹기도 하지만, 통째로 삶아서 말리거나 소금에 절여 젓갈을 만듭니다. 젓갈은 5~6월에 잡은 멸치로 많이 담그는데, 멸치젓갈에서 낸 국물로는 김치를 담글 때 넣어 맛을 내지요. 말린 멸치는 볶아서 밑반찬으로 먹고, 국에 넣어서 국물 맛도 냅니다.

분류 어류 청어목 멸치과
다른 이름 멜, 머루치, 미리치
사는 곳 따뜻한 물을 따라 떼를 지어 다닌다. 우리나라 바다에 두루 산다.
좋아하는 먹이 물에 떠 있는 아주 작은 동물
알 봄부터 가을까지 낳는다.
잡는 때 봄, 가을

명태

1997년 8월 서울 대조동 대조시장

명태는 찬 바닷물을 따라다니는 바닷물고기입니다. 옛날부터 우리 겨레가 즐겨 먹던 물고기이지요. 조선 시대에 함경도 관찰사(지금의 도지사)가 명천군에 갔다가 밥상에 오른 명태를 먹어 보고 명천군의 명(明) 자와 그 고기를 잡은 고기잡이 태(太) 씨의 성을 따서 명태라고 이름 지었다고 합니다.

명태는 봄부터 여름까지는 먼바다에서 살다가 가을이 되면 동해로 모여듭니다. 겨울이 되면 더 얕은 바다로 들어와 알을 낳습니다. 알은 열흘쯤 지나면 깨어나지요. 어린 명태는 바다에 떠 있는 작은 생물이나 새우 따위를 먹고, 어른이 되면 오징어나 멸치같이 좀 더 큰 먹이를 잡아먹습니다.

명태는 겨울철 동해에서 많이 잡히는 물고기입니다. 갈무리하는 방법이나 크기에 따라 이름이 다르지요. 잡은 지 얼마 안 되어 싱싱한 것은 생태라고 해요. 얼린 명태는 동태라고 하지요. 말린 명태는 북어라고 하고, 어린 것은 노가리라고 하지요. 명태를 말리는 곳을 덕장이라고 하는데, 눈이 많이 오는 대관령에 가면 넓은 명태 덕장이 많아요. 이렇게 추운 곳에서 눈을 맞으며 얼었다 녹았다 하면서 꾸덕꾸덕 말라 가지요. 명태의 알은 명란이라고 해요. 명란은 젓갈을 담가 먹습니다.

분류 어류 대구목 대구과
다른 이름 동태, 생태, 황태, 북어, 멤테
사는 곳 깊은 바다에서 찬 바닷물을 따라 다니다가 가을에 동해로 온다.
좋아하는 먹이 새우, 오징어, 정어리, 멸치 따위
알 겨울에 낳는다.
잡는 때 겨울

문어

1997년 10월 서울 가락동 농수산물 도매시장

문어는 바닷속 밑바닥에서 사는 뼈 없는 동물입니다. 몸이 물렁물렁하다고 연체동물이라고 하지요. 낙지, 주꾸미, 왜문어, 조개낙지와 같은 무리입니다. 낮에는 바위 구멍 따위에 숨어 있다가 밤이 되면 나와서 조개나 새우 따위를 잡아먹는답니다.

문어는 다리가 여덟 개 있어요. 다리에는 둥근 빨판이 다닥다닥 붙어 있지요. 빨판은 들러붙는 힘이 세서 한번 어디에 붙으면 다리가 끊어져도 떨어지지 않는다고 해요. 문어는 길고 흐느적거리는 다리로 바위틈을 기어 다닙니다. 위험이 닥치면 오징어처럼 몸 색깔을 둘레 색깔과 같이 바꾸지요. 더 위험하다고 느끼면 먹물을 내뿜어 둘레를 캄캄하게 만든 다음에 바위틈으로 도망갑니다.

문어는 봄여름에 깊이 20~50m쯤 되는 얕은 바다에 알을 낳아요. 10만 개나 되는 알을 낳아서 바위틈에 붙이지요. 어미는 알이 깰 때까지 옆에서 맑은 물을 뿜어 주면서 기다립니다. 새끼들이 깨어나면 입으로 불어 바위틈에서 빠져 나오게 해요.

문어는 오랜 옛날부터 우리 겨레가 즐겨 먹던 반찬거리였어요. 문어를 잡을 때는 단지를 끈으로 묶어서 바닷속에 넣어 두어요. 그러면 문어가 자기 집인 줄 알고 들어가지요. 이 단지를 문어단지라고 한답니다.

분류 연체동물
다른 이름 무꾸럭, 문에, 초어
사는 곳 가까운 바다 밑바닥에서 산다.
좋아하는 먹이 조개, 새우, 게, 소라 따위
알 봄에서 여름 사이에 얕은 바다에 낳는다.
잡는 때 봄, 가을

물개

1997년 9월 경기도 과천 서울대공원

물개는 바다에 사는 네 발 달린 젖먹이동물입니다. 물개의 발은 헤엄치기에 알맞게 지느러미 꼴로 바뀌었지요. 그래서 땅에서 걸을 때는 배를 꿈틀거리면서 겨우 걸을 수 있어요.

물개는 해마다 똑같은 곳으로 새끼를 낳으러 가는 버릇이 있어요. 한 해 동안 거의 북태평양 언저리에서 살다가 6~7월이 되면 수천 킬로미터나 헤엄쳐서 태어난 곳으로 모여듭니다. 수컷은 자기 텃세권을 마련하려고 암컷보다 먼저 새끼를 칠 바닷가로 올라가지요. 텃세권을 넓게 차지하려고 수컷끼리 싸움을 벌이기도 해요. 물개는 수컷 한 마리와 암컷 여러 마리가 짝을 지어 살아요. 힘이 센 수컷은 100마리에 가까운 암컷과 살기도 하지요. 수컷은 짝지을 때가 되면 먹이도 안 먹고 굶으면서 암컷을 지킨다고 해요. 두 달이 넘도록 이렇게 굶으면서 몸속에 쌓아 두었던 기름기만으로 버티지요.

암컷은 새끼를 한 번에 한 마리만 낳는데, 먹이를 구하려고 바다에 갔다가도 때맞추어 돌아와서 새끼에게 젖을 먹여요. 어미는 저마다 다른 소리로 새끼를 부르고 새끼도 저마다 다른 소리를 내어 대답하지요. 그러면 어미는 냄새로 자기 새끼를 알아보고 안전한 곳으로 데리고 가서 젖을 먹입니다.

분류 포유류 물개목 물개과
다른 이름 해구, 바닷개
사는 곳 바다와 섬 둘레에 산다.
좋아하는 먹이 물고기, 바닷새
새끼 이른 여름에 섬에 모여서 낳는다.

복어

검복 1995년 9월 경북 울진

복어는 열대나 아열대 바다에서 사는 물고기입니다. 우리나라에는 남쪽 바다와 제주도 언저리에서 많이 살지요. 대부분 바다에서 살지만 황복처럼 강에 사는 복어도 있어요. 우리나라 가까운 바다에는 복어가 40가지쯤 살고 있어요. 이 가운데 먹을 수 있는 복어는 참복이라고도 부르는 자주복을 비롯하여 검복, 까치복, 복섬, 은복, 밀복 따위가 있어요.

복어라는 이름은 배가 부푸는 물고기라는 뜻을 담고 있어요. 놀라거나 위험을 느끼면 물과 공기를 들이마셔서 위를 부풀립니다. 그러면 몸이 공처럼 둥그렇게 되지요. 복어는 이렇게 해서 몸무게의 두 배가 넘는 물을 삼킬 수 있다고 해요.

우리가 먹는 복어는 보통 봄에 모랫바닥에 알을 낳아요. 알에서 깨어난 새끼는 물에 떠다니는 작은 생물을 먹고 자라요. 어른이 되면 작은 물고기와 새우, 조개, 오징어 들을 잡아먹고 살지요.

복어 고기는 아주 맛이 좋아요. 하지만 무서운 독이 들어 있어서 함부로 먹다가는 목숨을 잃을 수도 있답니다. 그래서 복어를 먹을 때는 독이 있는 간이나 알집을 깨끗이 들어낸 뒤에 먹어야 하지요.

분류 어류 복어목 참복과
다른 이름 복, 복쟁이
종류 참복, 검복, 까치복, 복섬 따위
사는 곳 우리나라 가까운 바다에 많이 산다.
좋아하는 먹이 물고기, 새우, 조개, 오징어 따위
알 참복은 봄에 가까운 바다 모랫바닥에 낳는다.
잡는 때 봄, 여름

불가사리

아무르불가사리 1995년 9월 경북 울진

불가사리는 바다 밑바닥에서 사는 별처럼 생긴 동물이에요. 성게와 함께 살갗에 가시가 나 있다고 극피동물로 나누지요. 불가사리라는 이름은 몸이 여러 조각으로 잘려도 죽지 않고 다시 살아난다고 붙었대요. 불가사리는 보통 다리가 다섯 개인데 삼천발이처럼 다리가 셀 수 없이 많이 달린 것도 있어요. 우리나라에서 사는 불가사리는 70가지쯤 된다고 합니다.

  불가사리 등 쪽에는 가시가 많이 나 있어요. 머리가 없기 때문에 어느 쪽이든 옮겨 다닐 수 있지요. 배 쪽에는 관족이라고 하는 빨판 다리가 있어서 바닥에 딱 달라붙을 수 있어요. 불가사리 입은 배 가운데 있고, 똥구멍은 등 가운데 있습니다. 먹이로는 조개나 전복 같은 것을 잡아먹고 살지요. 바닷말도 먹어요. 힘이 세서 살아 있는 조개 껍데기를 열고 속을 파먹는답니다. 조개껍데기를 벌리고 위를 입 밖으로 꺼내어 조개 안으로 집어넣고 속살을 먹지요.

  불가사리 다리는 잘려도 다시 자라요. 그뿐 아니라 몸통의 한쪽이라도 붙어 있으면 다른 불가사리로 자라난답니다. 불가사리가 한번 조개 양식장에 생겨나면 곧 수가 몇 배로 늘어난대요. 그래서 조개를 기르는 분들은 불가사리를 아주 싫어한답니다.

분류 극피동물
다른 이름 오귀발, 해성, 삼발이
종류 별불가사리, 아무르불가사리 따위
사는 곳 바다 밑바닥에 산다.
좋아하는 먹이 고둥, 조개 따위

상어

백상아리 1997년 10월

상어는 열대와 온대 사이에 있는 따뜻한 바닷물에서 삽니다. 세계에 350가지쯤 있고 우리나라에는 45가지쯤 알려져 있다고 해요. 상어 하면 집채만 한 것만 있다고 여기지만, 알고 보면 상어마다 크기가 아주 달라요. 손바닥만 한 것부터 몸길이가 20m를 넘는 것까지 있으니까요. 가장 큰 상어는 고래상어인데 웬만한 배 한 척보다 크다고 해요. 그러나 흔히 볼 수 있는 상어는 몸길이가 2m 안쪽이지요.

상어는 다른 물고기에 견주어 눈도 밝고 냄새도 잘 맡습니다. 귀도 밝고 몸놀림도 재빠르지요. 상어 가운데는 알을 낳는 상어와 새끼를 낳는 상어가 있습니다. 알에서 새끼가 깨어나기까지는 반년에서 일 년쯤 걸립니다. 새끼를 낳는 상어는 보통 열 마리 안쪽으로 낳지요.

사람을 해치는 상어는 거의가 새끼를 낳는 상어이고 새끼를 적게 낳는 상어일수록 더 사납다고 알려져 있습니다. 하지만 상어 가운데 사람을 해치는 것은 얼마 안 됩니다. 우리나라에 알려진 상어 가운데 사람을 해치는 상어는 일곱 가지쯤 되지요.

상어는 사람에게 쓸모가 많은 바닷물고기예요. 상어 고기는 먹고 가죽은 가죽 제품을 만드는 데 쓰고, 간은 약으로 쓰지요. 중국 사람들은 상어 지느러미로 만든 음식을 좋아한다고 해요.

분류 어류
다른 이름 사어, 교어, 사애
종류 백상아리, 까치상어, 두톱상어, 톱상어 따위
사는 곳 가까운 바다에 많이 산다. 백상아리처럼 먼바다에 사는 것도 있다.
좋아하는 먹이 물고기, 오징어, 새우
알/새끼 알을 낳기도 하고 새끼를 낳기도 한다. 백상아리는 새끼를 낳는다.

새우

보리새우 1995년 6월 경북 울진

도화새우 1995년 5월 경북 울진

새우는 게처럼 몸이 딱딱한 껍데기에 싸인 작은 동물입니다. 보리새우처럼 바닷속에서 사는 것도 있고, 토하나 징거미같이 논이나 시냇물에서 사는 것도 있지요.

　새우는 게처럼 다리가 열 개예요. 머리 앞쪽에는 긴 더듬이가 두 쌍 있는데, 더듬이는 냄새를 맡거나 물체를 더듬어서 가려내는 일을 하지요. 눈은 긴 눈자루 끝에 박혀 있어요. 보통 낮에는 숨어 있다가 밤이면 나와서 먹이를 잡아먹는답니다.

　새우도 게처럼 몸이 딱딱한 껍데기로 둘러싸여 있어서 껍데기를 벗지 않으면 자랄 수 없습니다. 또 적과 싸우다가 다리가 떨어져도 다시 생겨나지요. 새우는 암컷이 껍데기를 벗었을 때 짝짓기를 해요. 짝짓기를 한 암컷은 알을 낳아서 다리 사이에 붙입니다. 알에서 깨어나면 새끼들이 물속을 떠다니는데, 이때 다른 물고기들의 좋은 먹이가 됩니다. 그래서 어미 새우가 되는 것은 많지 않아요.

　새우는 우리 겨레가 좋아하는 반찬거리입니다. 굽거나 삶아서 먹기도 하고 말려서 먹기도 하지요. 특히 소금에 절여 담근 새우젓은 쓸모가 아주 많아요. 짭짤해서 밑반찬으로 먹기에도 좋고, 여러 음식에 양념으로도 쓰니까요. 김치에도 넣습니다.

분류 절지동물 갑각류
다른 이름 새비, 새오, 새우지, 생우
종류 보리새우, 도화새우, 젓새우, 대하 따위
사는 곳 가까운 바다에 많이 산다. 기르기도 한다.
좋아하는 먹이 물속에 있는 아주 작은 동물, 물고기
알 봄에 많이 낳는다.
잡는 때 젓새우는 봄에 많이 잡고, 보리새우는 여름에 많이 잡는다.

성게

보라성게 1995년 5월 경북 울진

성게는 바닷속 밑바닥에서 사는, 온몸이 가시로 덮인 동물입니다. 자갈이 많거나 바위로 이루어진 곳에서 많이 볼 수 있어요. 몸통에 난 가시 때문에 '바다의 밤송이'나 '바다의 고슴도치'라고도 하지요.

성게는 둥글고 딱딱한 껍데기 위에 바늘 같은 가시가 촘촘히 나 있어요. 가시 사이에는 빨판이 붙어 있는 가는 다리가 있어요. 이것을 관족이라고 하지요. 성게는 가시와 다리를 움직여서 옮겨 다닙니다. 빨판은 붙는 힘이 세서 비탈진 곳도 구르지 않고 올라갈 수 있답니다. 입은 몸 아래 가운데에 있고, 똥구멍은 몸 위쪽에 있어요. 입에는 이빨이 있어서 바닷말을 갉아 먹을 수 있지요. 낮에는 바위 그늘에 숨어 있다가 밤이면 나와서 먹이를 갉아 먹어요. 먹이를 잡을 때는 빨판을 먹이에 붙여서 끌어당겨요. 그러고는 이빨로 천천히 갉아 먹지요.

성게는 종류에 따라 알을 낳는 때가 달라요. 보라성게는 5월에서 8월 사이에 알을 낳아요. 알에서 깨어난 새끼는 한두 달쯤 물 위를 떠다니다가 물 밑으로 가라앉습니다. 성게알은 먹기도 해요. 날로도 먹고 젓을 담그거나 국을 끓여서도 먹지요. 우리나라 동해에서는 맛있는 보라성게가 많이 난답니다.

분류 극피동물
다른 이름 섬게, 해담
종류 말똥성게, 보라성게, 분홍성게 따위
사는 곳 자갈이나 바위가 깔린 물속에 산다.
좋아하는 먹이 바닷말, 펄 속에 있는 양분
알 보라성게는 5~8월에 낳는다.

소라

피뿔고둥 1995년 5월 경북 울진

소라는 껍데기에 나사처럼 꼬불꼬불한 무늬가 새겨진 바닷속 밑바닥 동물입니다. '고둥'이나 '골뱅이'라고도 해요. 껍데기가 하나로 되어 있어서 껍데기가 두 개인 조개와는 뚜렷이 다르지요. 소라는 바닷말이 많이 자라는 얕은 바닷속 바위틈에서 많이 사는데, 비단고둥처럼 갯벌이나 모래 위를 기어 다니는 것도 있고, 깊은 바다에서 사는 것도 있어요.

　소라 껍데기는 조가비라고도 합니다. 껍데기 생김새는 종류에 따라서 저마다 달라요. 전복처럼 납작한 것도 있고, 겉에 울퉁불퉁한 뿔이 난 것도 있어요. 송곳처럼 뾰족한 것도 있어요. 소라를 뒤집어 보면 둥근 뚜껑이 입을 막고 있어요. 옮겨 다닐 때는 뚜껑 밖으로 몸을 내밀어 바닥에 대고 기어가듯이 움직입니다. 위험이 닥치면 몸을 껍데기 속에 집어넣고 재빨리 뚜껑을 닫아 버리지요. 먹이로는 미역이나 감태나 모자반 같은 바닷말을 잘 먹습니다. 소라의 입에는 혀이빨이 있어서 이런 바닷말을 갉아 먹을 수 있지요. 조개나 불가사리를 잡아먹는 소라도 있어요.

　소라는 쓰임새가 많아요. 속살은 날것으로 먹기도 하고 반찬으로 만들어 먹기도 해요. 소라 껍데기는 자개로 쓰지요. 여러 가지 기념품을 만들기도 해요. 제주도에서는 사람이 기르기도 하지요.

분류 연체동물
다른 이름 고둥, 골뱅이, 소래
종류 피뿔고둥, 납작소라, 잔뿔소라, 큰구슬우렁이 따위
사는 곳 바다 밑바닥에 산다. 기르기도 한다.
좋아하는 먹이 바닷말
알 봄에 알집을 만들어 딱딱한 곳에 붙인다.

오징어

살오징어 1995년 10월 경북 울진

오징어는 바다에 사는 뼈 없는 동물입니다. 꼴뚜기, 낙지, 문어와 같이 몸이 흐물흐물하다고 연체동물 무리로 나누지요. 낙지와 문어는 다리가 여덟 개인데 오징어와 꼴뚜기는 다리가 열 개입니다. 우리나라에는 25가지 오징어 무리가 산다고 합니다.

오징어는 길고 통통한 몸통에 머리가 붙어 있고, 그 아래 다리가 붙어 있어요. 다리는 열 개인데 두 개가 길어요. 이 긴 다리는 먹이를 잡을 때와 짝짓기를 할 때 쓰지요. 우리가 오징어 귀나 머리라고 하는 것은 오징어 지느러미예요. 지느러미는 헤엄을 칠 때 몸의 균형을 잡아 주지요.

짝짓기 할 때가 되면 몸에서 여러 가지 아름다운 색깔이 나타나요. 살 속에 빛을 내는 여러 가지 색깔 세포가 있어서 아름다운 색으로 바뀌기 때문이지요. 잡힐 위험이 있으면 먹물을 내뿜어서 둘레를 캄캄하게 한 다음에 몸 색깔을 바꾸어 달아납니다.

우리나라는 오징어를 많이 잡고, 많이 먹는 나라예요. 오징어를 잡을 때는 밤새 배에 불을 환하게 켜 놓아요. 그러면 불빛을 보고 오징어 떼가 모여들지요. 이때 미끼를 써서 낚시로 잡는 거예요. 오징어는 살이 많고 쫄깃쫄깃해요. 날것으로 무쳐 먹기도 하고, 삶거나 데쳐서 먹기도 해요. 말려서 군것질 삼아서도 많이 먹지요.

분류 연체동물
종류 살오징어, 참오징어, 무늬오징어 따위
사는 곳 가까운 바다에 산다.
좋아하는 먹이 작은 물고기나 새우 따위
잡는 때 여름

조개

개량조개 1996년 1월 전북 부안

대복 1996년 1월 경북 울진

조개는 조가비가 두 개로 이루어진 동물입니다. 바다에도 살고, 민물에도 살지만 바다에서 사는 조개가 많아요. 바다에 사는 조개는 홍합처럼 바위에 붙어 사는 조개도 있고, 꼬막처럼 갯벌 속에 사는 조개도 있어요.

　조개의 속살은 매우 부드럽고 약해요. 그래서 단단한 조가비가 몸을 보호하고 있지요. 조가비는 조개에 따라 생김새와 색깔, 두께가 달라요. 조가비 두 개는 맨 위쪽 끝이 이어져 있어요. 몸 가운데에는 조가비를 여닫는 힘살이 한 쌍 있지요. 조개는 조가비를 살짝 열고 물을 빨아들여 물속에 있는 먹이를 먹고 숨을 쉽니다.

　조개는 발이 크고 튼튼해서 펄이나 모래 속을 잘 파고들 수 있어요. 몸이 재빠르지 못해서 한번 자리를 잡으면 멀리 움직이지 않지요. 하지만 가리비처럼 헤엄을 쳐서 옮겨 다니는 것도 있어요. 바다에 사는 조개는 어렸을 때 물속을 떠다니며 먼 곳까지 퍼져 나갑니다. 민물조개는 어렸을 때 물속을 떠다니지 않고 줄납자루 같은 물고기의 지느러미나 아가미에 붙어 살기도 한답니다.

　조개는 날것으로도 먹고, 삶거나 익혀서 먹기도 해요. 젓갈도 담그지요. 조개에서 우러난 국물은 아주 시원해요. 먹는 조개뿐 아니라 진주조개처럼 보석을 만들어 내는 것도 있어요. 그래서 일부러 기르기도 한답니다.

분류 연체동물
다른 이름 조갑지, 조개비
종류 바지락, 가리비, 동죽, 키조개 따위
사는 곳 모래나 펄 속이나 바위틈에 산다. 기르기도 한다.
좋아하는 먹이 물속에 있는 양분
알 봄에 바다에 낳는다.

조기

보구치 1997년 8월 제주도

조기는 제사상이나 잔칫상에 빠지지 않고 올라가는 바닷물고기입니다. 봄에 따뜻한 바닷물 흐름을 따라 서쪽 바다와 남쪽 바다에 몰려오지요. 기운을 돕는 물고기라고 해서 조기라는 이름이 붙었다고 해요. 보통 조기 하면 몸 빛깔이 황금색인 참조기를 말하지만, 수조기, 부세, 보구치처럼 비슷한 물고기를 다 조기라고 부르기도 해요.

조기는 봄이 되면 알을 낳으러 우리나라 바다로 올라옵니다. 알을 낳을 때가 되면 바닷가로 몰려와서 '구-구' 소리를 내며 울어요. 이 소리가 어찌나 요란한지 고기 잡는 분들이 배에서 자다가 잠을 설칠 만큼 시끄럽다고 해요. 이 소리는 배 속에 있는 큰 부레를 오므렸다 폈다 하면서 내는 소리인데, 조기들이 떼 지어 다니면서 서로 주고받는 신호라고 하지요. 옛날에는 경기도 옹진의 연평도나 전라도 영광 앞바다의 칠산도 둘레에 큰 조기 떼가 몰려들었다고 합니다. 조기를 한창 잡는 4월쯤이 되면 이곳으로 수많은 고깃배들이 몰려들었다고 하지요.

조기는 살이 부드럽고 맛도 참 좋아요. 참조기를 소금에 절여 말린 것을 굴비라고 하는데 굴비도 참 맛깔지지요. 조기 부레에는 끈끈이가 들어 있어서 아교를 만들어 썼어요.

분류 어류 농어목 민어과
종류 참조기, 보구치, 수조기 따위
사는 곳 봄에 따뜻한 물을 따라 서해와 남해에 온다.
좋아하는 먹이 새우, 게, 작은 물고기
알 5~8월에 낳는다.
잡는 때 4~8월

집게

1996년 1월 경북 울진

집게는 고둥 껍데기에 들어가 사는 갑각류 무리 동물입니다. 게와 같은 무리에 들지만, 게와 달리 껍데기가 단단하지 못해요. 그래서 빈 고둥 껍데기를 찾아내어 그 속에 들어가 살지요. 먹이를 찾을 때도 고둥에서 나오지 않고 고둥을 지고 다녀요. 몸이 자라서 집이 비좁아지면 살던 집을 버리고 자기 몸에 맞는 더 큰 고둥 껍데기를 찾아다닙니다.

집게는 고둥이 사는 곳이면 어디든지 볼 수 있어요. 먹이도 바닷말에서부터 물속에 있는 작은 생물이나 죽은 물고기까지 이것저것 가리지 않고 잘 먹어요. 다리는 모두 열 개인데 집게다리 한 쌍에 걷는 다리와 작은 다리들이 네 쌍 있지요. 집게발은 먹이를 잡을 때나 적과 싸울 때 써요. 집게다리는 떨어져 나가도 다시 자라납니다.

집게는 고둥 껍데기에 말미잘을 붙이고 다녀요. 새집으로 이사할 때도 말미잘을 떼어서 같이 갑니다. 집게와 말미잘이 어떤 사이인지 딱 잘라서 말하기는 어려워요. 그런데 함께 다니면 서로 이로운 점이 많다고 하지요. 스스로 옮겨 다니지 못하는 말미잘은 집게 덕분에 자리를 옮길 수 있어요. 그러면 먹이를 잡기가 더 쉬워지지요. 또 집게는 독침이 있는 말미잘 덕분에 몸을 지킬 수 있어요. 이렇게 서로 돕고 사는 것을 공생이라고 한답니다.

분류 절지동물 갑각류
다른 이름 소라게
종류 넓적왼손집게, 털보긴눈집게, 참집게 따위
사는 곳 바다 밑바닥에 산다.
좋아하는 먹이 물속에 있는 양분, 죽은 물고기

해삼

돌기해삼 1995년 8월 경북 울진

해삼은 바다 밑바닥에서 사는 작은 동물입니다. 불가사리, 성게와 같은 극피동물 무리에 들지요. 바다의 산삼이라고 해삼이라는 이름이 붙었어요. 그만큼 사람 몸에 좋은 양분이 많이 들었다는 뜻이지요. 다른 나라에서는 길쭉한 생김새가 오이를 닮았다고 '바다의 오이'라고 부르기도 한대요.

해삼은 바위나 바닷말 사이에 살기도 하고, 모래나 진흙 속에 굴을 파고 살기도 해요. 갯벌에 구멍을 파고 사는 해삼은 갯벌이 단단해지는 것을 막고, 공기가 잘 드나들게 해서 다른 생물이 살기 좋도록 하지요. 해삼은 보통 낮에는 숨어 있고 밤에 움직입니다. 물 온도가 높아지는 여름에는 바위나 자갈 밑에서 여름잠을 자기도 해요.

해삼은 겉이 두터운 가죽처럼 생기고 여기저기 혹 같은 것이 돋아 있어요. 이 혹은 성게나 불가사리의 가시와 같이 움직일 때 쓰지요. 살갗은 미끈미끈하고 살갗 속에는 잔뼈 조각이 들어 있어요. 해삼은 천천히 기어 다니면서 입 둘레에 있는 촉수로 먹이를 잡아먹습니다. 개흙이나 모래를 입에 넣고 그 속에 있는 작은 생물을 걸러 먹기도 해요. 적을 만나면 흰 즙을 내뿜거나 자기 내장을 내놓고 도망칩니다. 내장은 다시 생겨나니까요.

분류 극피동물
다른 이름 사손, 해서
종류 참해삼, 검정점해삼, 광삼, 사각해삼 따위
사는 곳 가까운 바다 밑바닥에 산다.
좋아하는 먹이 흙속에 있는 양분
잡는 때 봄, 가을

홍어

1995년 8월 경북 울진

홍어는 바다 밑바닥 가까이서 날갯짓하듯이 헤엄쳐 다니는 바닷물고기입니다. 우리나라에는 남쪽 바다와 서쪽 바다 대륙붕에 많이 살고 있습니다. 홍어 무리는 온 세계에 200가지쯤 살지만 우리나라에는 대여섯 가지가 산다고 해요. 노랑가오리, 오동가오리, 상어가오리, 묵가오리, 살홍어, 눈가오리가 다 홍어와 닮은 물고기이지요.

홍어는 상어처럼 뼈가 물렁뼈로 되어 있어요. 이런 물고기를 연골 어류라고 하지요. 몸통은 위아래로 납작하고 꼬리가 가늘어요. 생김새가 가오리와 아주 비슷하지만, 몸통 양쪽에 검은 테를 두른 둥근 무늬가 한 쌍 있는 점이 다르지요. 홍어는 넓은 지느러미를 날갯짓하듯이 움직여서 천천히 물속을 헤엄쳐요. 알은 가을부터 이른 봄까지 낳습니다. 11월에서 12월 사이에 많이 낳지요. 한 번에 낳는 알은 네댓 개쯤 됩니다.

홍어는 우리 겨레가 즐겨 먹던 물고기예요. 날로 무쳐 먹거나 삭혀서 먹지요. 삭힌 홍어는 전라도 음식 가운데 으뜸으로 치는 잔치 음식이에요. 그러나 요즈음에는 홍어가 거의 잡히지 않아서 이런 음식이 아주 귀해졌다고 하지요.

분류 어류 홍어목 가오리과
다른 이름 고동무치, 물개미, 무러미
사는 곳 가까운 바다에 산다.
좋아하는 먹이 오징어, 새우, 게 따위
알 가을부터 이른 봄까지 바닷말에 낳는다.
잡는 때 봄

홍합

진주담치 | 1996년 1월 경북 영덕

홍합은 바위에 붙어 사는 바닷조개입니다. 담치라고 부르기도 하지요. 바닷가 바위에 떼를 지어 새카맣게 붙어 있는 것을 볼 수 있어요. 자기들끼리 다닥다닥 엉겨 붙어서 바위인지 홍합인지 금방 가려내기 어려워요. 붙는 힘이 어찌나 센지 파도가 세차게 부딪쳐도 좀처럼 떨어지지 않습니다.

홍합은 조가비가 긴 세모꼴로 생겼어요. 또 조가비 색깔이 검고 빛이 나서 다른 조개와 쉽게 가려낼 수 있어요. 조가비 속은 반짝이는 진줏빛을 띠지요. 바닷물을 빨아들여 숨도 쉬고 먹이도 걸러 냅니다. 알은 2월에서 5월 사이에 낳아요. 알에서 깬 새끼는 3주일쯤 물에 떠다니다가 바위 같은 곳에 몸을 붙이고 자리를 잡지요. 바위에 붙을 때는 족사라고 부르는 실이 몸에서 나와서 단단히 붙을 수가 있어요. 실이 얼마나 단단한지 파도가 세차게 부딪쳐도 끄떡없이 붙어 있답니다. 홍합은 어릴 때는 얕은 곳에서 살다가 자라면서 점점 깊은 곳으로 옮겨 간답니다.

홍합은 우리 겨레가 즐겨 먹는 조개예요. 그래서 일부러 기르는 곳도 있어요. 홍합 속살은 주황색이지만 삶으면 샛노랗게 바뀌지요. 홍합을 넣어 끓인 국물은 시원하고 맛깔져요. 그러나 더러운 물에 사는 홍합은 몸속에 독을 품게 되어 먹으면 안 돼요.

분류 연체동물
다른 이름 담치, 섭, 동해부인
종류 동해담치, 진주담치, 격판담치, 털담치 따위
사는 곳 바닷가 바위에 붙어 산다. 기르기도 한다.
좋아하는 먹이 물속에 있는 양분
따는 때 봄

하늘을 나는 새

하늘을 나는 새의 생김새

꾀꼬리

　새는 하늘을 날아다닙니다. 하늘을 날 수 있기 때문에 먼 곳까지 빨리 갈 수 있어요. 적으로부터 몸을 피하거나 먹이를 찾기도 쉽지요. 새는 앞다리가 바뀌어서 날개가 되었어요. 그래서 싸움을 하거나 먹이를 잡을 때는 앞다리 대신에 부리와 발톱을 많이 쓴답니다.

　새는 온몸이 깃털로 덮여 있어요. 날개깃털은 공기의 흐름을 매끄럽게 해서 잘 날 수 있게 해 주지요. 가슴깃털이나 배깃털은 솜털처럼 몸을 따뜻하게 지켜 줍니다. 깃털은 여러 가지 색깔을 띠어서 몸을 숨기는 보호색도 되지요. 때로는 짝을 꾈 때도 씁니다. 그런데 깃털은 쉽게 더러워지고 벼룩 같은 벌레도 꾀기 쉬워요. 그래서 자주 부리로 깃털을 다듬거나 물과 모래로 목욕을 한답니다. 철 따라 털갈이도 하지요.

부엉이

매

새는 뼛속이 텅 비어 있어요. 하늘을 날려면 몸이 가벼워야 하니까요. 또 똥을 아주 자주 쌉니다. 배 속에다 음식 찌꺼기를 담아 두지 않고 바로바로 내보내야 몸이 가벼워지니까요.

  눈도 아주 밝아서 사람보다 훨씬 먼 곳을 똑똑히 볼 수 있어요. 높은 하늘에서도 나뭇잎에 숨어 있는 벌레나 물속에서 헤엄치는 물고기를 단박에 알아보지요.

딱따구리

뻐꾸기

꿩

철새와 텃새

새들 가운데는 철 따라 살기 좋은 곳으로 옮겨 다니는 새들이 있어요. 이것을 철새라고 하지요. 철새 가운데는 여름 철새와 겨울 철새가 있어요. 여름 철새는 봄에 우리나라에 와서 새끼를 치고 가을에 남쪽으로 날아가지요. 제비, 뻐꾸기, 뜸부기 따위가 있지요.

텃새인 참새

겨울 철새는 우리나라에서 겨울을 난 다음 봄에 북쪽으로 돌아가요. 기러기, 백조, 두루미, 독수리, 청둥오리 따위가 있지요. 이 새들이 새끼를 치는 곳은 시베리아와 같은 북쪽 지방이에요. 한겨울 추위를 피해서 우리나라로 내려왔다가 봄이 되면 다시 돌아가서 알을 낳고 새끼를 기르지요.

여름 철새나 겨울 철새와 달리 잠시 머물렀다 가는 새도 있어요. 이런 새를 나그네새라고 한답니다.

새들이 이렇게 날씨나 철에 따라서 옮겨 다니는 데는 까닭이 있어요. 한 마리라도 더 살아남아서 무리를 늘려 가기 위해서이지요.

철새와는 달리 알에서 깨어나 죽을 때까지 한곳에서 사는 새를 텃새라고 해요. 텃새는 추운 겨울도 이겨 내고 더운 여름도 견디면서 태어난 곳을 떠나지 않아요. 참새, 까치, 까마귀, 올빼미, 꿩 같은 새들이 우리가 흔히 볼 수 있는 텃새랍니다.

텃새인 까치

텃새인 괭이갈매기

갈매기

괭이갈매기 1998년 1월 자연사박물관

갈매기는 우리나라 바닷가에서 흔히 볼 수 있는 새입니다. 큰 강이나 호수에도 가끔 모습을 드러내지요. 우리나라에서 사는 갈매기는 12가지쯤 된다고 해요. 그 가운데 괭이갈매기와 쇠제비갈매기를 뺀 나머지는 거의 겨울 철새랍니다. 재갈매기 같은 겨울 철새들은 보통 10월쯤 우리나라에 날아와서 겨울을 나고 이듬해 3월쯤 시베리아로 돌아가지요.

괭이갈매기는 항구나 바닷가에서 흔히 볼 수 있는 텃새예요. '야오야오' 하고 우는 소리가 고양이 소리 같다고 괭이갈매기라는 이름이 붙었대요. 경상남도 통영 앞바다에 있는 홍도에는 수만 마리 괭이갈매기가 무리 지어 살고 있습니다. 홍도 둘레에는 갈매기가 좋아하는 멸치나 작은 물고기 떼가 많이 몰려들어요. 또 알이나 새끼를 해코지하는 적이 많지 않아요. 그래서 이곳으로 새끼를 기르려고 모여드는 것이지요.

괭이갈매기는 한번 짝을 지으면 바꾸지 않아요. 봄이 되어 짝짓기 때가 되면 가파른 벼랑이나 바위 턱에 마른풀 줄기를 깔아서 둥지를 틀지요. 암컷은 둥지를 짓고 나면 짙은 갈색 점이 박힌 알을 두세 개 낳습니다. 알은 암컷과 수컷이 번갈아 가면서 품는데, 품은 지 25일쯤 지나면 새끼가 깨어나지요. 새끼는 작은 물고기를 먹고 사는데, 어미가 미리 잡아먹고 반쯤 소화시킨 뒤에 토해 내면 그것을 받아먹어요. 이렇게 한 달쯤 보살피면 스스로 살 수 있도록 자란답니다.

분류 조류 황새목 갈매기과
종류 갈매기, 재갈매기, 괭이갈매기 따위
사는 곳 바닷가와 섬 둘레에 산다.
좋아하는 먹이 물고기, 곤충, 음식물 따위
알 4~6월에 두세 개 낳는다.

공작

1997년 5월 서울 능동 어린이대공원

공작은 꿩과에 딸린 새입니다. 참공작과 인도공작이 있는데, 우리나라에서 많이 볼 수 있는 것은 인도공작이에요. 공작은 깃털이 참 아름다워요. 그런데 알고 보면 아름다운 깃털은 수컷만 지니고 있답니다. 인도공작의 수컷은 푸르고 아름다운 눈동자 무늬가 박힌 꼬리깃털을 200개쯤 갖고 있어요. 암컷은 그 깃이 짧고 색깔도 화려하지 않습니다.

공작은 무리를 지어 함께 살아요. 그런데 짝짓기 때가 되면 수컷끼리 싸움이 자주 붙고, 소리를 내면서 텃세를 부리기도 하지요. 그래서 혼자서 지내는 일이 많아요. 수컷의 텃세권 안에는 짝을 찾는 특별한 곳이 몇 군데 있습니다. 꼬리날개를 부채처럼 펴들고 춤을 출 수 있는 곳이지요. 수컷은 그곳에서 암컷이 다가오기를 기다렸다가 암컷이 나타나면 등을 돌리고 꼬리날개를 펼칩니다. 그러고는 아름다운 꼬리깃을 올렸다 내렸다 하면서 암컷을 꼬이지요. 짝짓기가 끝나면 암컷은 흙을 파고 둥지를 짓습니다. 그리고 얼룩이 없는 흰 알을 낳지요. 새끼는 깨어나자마자 걸어 다니면서 먹이를 찾을 수 있답니다. 먹이로는 씨앗이나 새싹을 좋아하지만 나무뿌리나 작은 벌레들도 잘 먹어요.

분류 조류 닭목 꿩과
종류 인도공작, 참공작, 흑공작 따위
사는 곳 인도, 태국, 말레이시아에 산다. 동물원에서 기르기도 한다.
좋아하는 먹이 씨앗, 나무 열매, 곤충 따위
알 움푹 팬 땅에 4~8개 낳는다.

기러기

큰기러기 1998년 1월 자연사박물관

기러기는 우리나라 어디서나 쉽게 볼 수 있는 겨울 철새입니다. 10~11월에 날아와서 겨울을 지내고 2~3월에 다시 북쪽으로 돌아갑니다. 보통 우리나라에서 3,000km가 넘게 떨어져 있는 시베리아에서 날아오지요. 이곳은 겨울이 매우 추워서 강과 호수가 온통 얼음과 눈으로 뒤덮여 버려요. 그래서 먹이를 찾아서 우리나라 같은 남쪽으로 날아오는 것이지요. 경상남도 창원에 있는 주남 저수지나 창녕의 우포 늪, 낙동강 하구에 있는 을숙도 같은 곳은 기러기들이 즐겨 찾는 곳이랍니다.

　우리나라에서 겨울을 나는 기러기로는 큰기러기와 쇠기러기가 있어요. 쇠기러기는 큰기러기보다 몸집이 작고 이마 언저리가 하얗기 때문에 쉽게 알아볼 수 있지요. 기러기는 논밭이나 물가에서 살면서 풀잎이나 열매나 씨앗 따위를 먹고 살아요. 밀이나 보리의 푸른 잎도 잘 먹지요. 우리나라에 온 기러기들은 모두 무리를 이루고 살아갑니다. 아침 저녁 무렵이나 밤에는 무리 지어 논밭으로 날아가서 먹이를 찾습니다. 낮에는 한쪽 다리로 서 있거나 머리를 등깃에 파묻고 쉬지요. 짝짓기는 북쪽으로 돌아가서 5~7월에 하고 알을 예닐곱 개 낳는대요. 기러기는 한번 짝을 맺으면 죽을 때까지 함께 산다고 하지요.

분류 조류 기러기목 오리과
다른 이름 너새, 황오리, 기럭이, 기럭기
종류 쇠기러기, 큰기러기, 흑기러기 따위
사는 곳 가을에 저수지나 간척지나 강가에 날아온다.
좋아하는 먹이 보리 싹, 벼 이삭, 물풀 따위
알 5~7월에 6~7개 낳는다.

까마귀

1998년 1월 자연사박물관

까마귀는 산과 들에 사는 텃새입니다. 높은 나뭇가지에 둥지를 짓고 살아요. 옛날 우리나라 사람들은 까마귀를 보거나 까마귀 울음소리를 듣는 것을 싫어했어요. 몸이 크고 새카만 데다가, 낮고 목이 쉰 듯한 소리로 울어서 그랬나 봐요. 그런데 까마귀는 어떤 새보다도 영리한 새라고 해요. 먹이를 재빨리 찾아내고 잡을 뿐 아니라 숨겨 두었다가 찾아내어 먹을 줄도 아니까요. 호두나 조개같이 껍데기가 단단한 먹이는 바위에 떨어뜨려서 깨 먹기도 한대요.

까마귀는 온몸이 다 까매요. 깃털뿐 아니라 부리나 다리도 새까맣지요. 부리는 너무 길지도 짧지도 않고 단단해서 여러 가지 먹이를 먹을 수 있어요. 튼튼한 발로는 나뭇가지를 움켜쥐고 앉거나 먹이를 누를 수도 있지요. 까마귀는 다른 새의 알이나 새끼, 나무 열매, 음식 찌꺼기, 나방이나 메뚜기 같은 곤충 따위를 가리지 않고 먹는답니다. 죽었거나 썩은 것까지 먹어 치우지요.

까마귀는 짝짓기 철을 빼고는 한 해 내내 무리 지어 살아요. 겨울에는 무리를 더 크게 짓지요. 까마귀는 4월쯤 되면 짝짓기를 하고 둥지를 틀어요. 둥지가 다 지어지면 알을 낳는데 하루에 한 알씩 3~5개 낳지요. 알을 품은 지 20일이 지나면 새끼가 깨어나요. 새끼는 어미 품에서 자라다가 한 달쯤 되면 둥지를 떠나갑니다.

분류 조류 참새목 까마귀과
다른 이름 가마귀, 가막귀
사는 곳 낮은 산이나 마을 가까이에 산다.
좋아하는 먹이 곡식, 곤충, 거미, 쥐
알 3~6월에 3~5개 낳는다.

까치

1998년 1월 자연사박물관

까치는 제주도나 울릉도 같은 먼 섬을 빼면 우리나라 어디서나 볼 수 있는 텃새입니다. 마을이나 집 가까이에서도 흔히 볼 수 있지요. 우리 겨레는 까치를 좋아해서 아침에 까치가 울면 반가운 손님이 온다고 여겼지요. 감을 딸 때도 까치 먹으라고 몇 개쯤 남겨 두었어요. 이것을 까치밥이라고 불렀답니다.

까치는 참 영리한 새예요. 먹다 남은 음식을 나무 틈이나 땅속에 숨겨 두기도 하지요. 먹이로는 식물이건 동물이건 가리지 않고 밥 찌꺼기나 상한 음식까지 잘 먹습니다. 부리가 단단해서 물고기 살을 찢어 먹을 수도 있고, 콩처럼 딱딱한 열매를 깨부술 수도 있어요. 이렇게 아무거나 잘 먹기 때문에 어디서나 살 수 있지요.

까치는 이른 봄에 암수가 함께 둥지를 짓습니다. 낡은 둥지를 고쳐 쓰기도 하지만 대개 새로 짓지요. 까치가 좋아하는 나무는 미루나무, 아까시나무, 참나무 따위예요. 이런 높은 나무의 가지 꼭대기에 둥지를 짓습니다. 반짝이는 것을 좋아해서 유리나 비닐 조각 따위를 둥지에 물어다 놓기도 한답니다. 알은 6~7개쯤 낳고 품은 지 20일이 지나면 새끼가 깨어나지요. 어미는 새끼가 다 자랄 때까지 거미나 굼벵이 같은 먹이를 잡아 주면서 보살핍니다.

분류 조류 참새목 까마귀과
다른 이름 가치, 가티, 갓치, 가지
사는 곳 낮은 산이나 마을 가까이에 산다.
좋아하는 먹이 곡식, 열매, 쥐, 개구리
알 한 해에 한 번 2~5월에 6~7개 낳는다.

꾀꼬리

1998년 1월 자연사박물관

꾀꼬리는 울음소리가 고운 여름 철새입니다. 울음소리가 곱고 생김새가 아름다워서 옛날부터 우리 겨레가 아끼던 새예요. 새타령에도 나오지요. 꾀꼬리는 암컷과 수컷 모두 깃털이 샛노랗고 부리는 빨갛습니다. 깃털이 노랗다고 '황조'라고도 하지요. 눈 둘레부터 뒷목 사이에는 검은 띠가 있는데, 수컷은 넓고 암컷은 좁습니다.

꾀꼬리는 4월 말에 우리나라를 찾아와서 10월 말이면 남쪽으로 날아가요. 우리나라에서는 깊은 산부터 동네의 낮은 산이나 도시의 공원에 이르기까지 여러 곳에서 살지요. 곤충이 많은 봄에는 애벌레 따위를 많이 먹고, 가을에는 익은 나무 열매를 먹고 살아요.

꾀꼬리는 겁이 많은 새예요. 그래서인지 높은 나뭇가지 위에 둥지를 틀고, 나뭇가지 사이에 숨어 지낼 때가 많아요. 둥지는 풀잎이나, 나무껍질, 가는 풀뿌리 따위를 모아서 사발처럼 깊고 둥그렇게 만듭니다. 5~7월에 짝을 짓고 알을 네 개쯤 낳아요. 어미는 알을 낳을 때가 되면 성질이 날카로워져요. 둥지 가까이에 적이 나타나면 날카로운 소리를 내면서 달려듭니다. 꾀꼬리는 영리해서 가까이 오는 것이 적인지 아닌지 잘 안다고 해요. 그래서 소나 염소같이 자기를 해코지하지 않는 동물은 가까이 가도 가만히 있지만, 알을 훔치려는 동물이 나타나면 제 몸을 돌보지 않고 맞선답니다.

분류 조류 참새목 까마귀과
사는 곳 봄에 낮은 산과 들판에 날아온다.
좋아하는 먹이 나무 열매, 곤충 따위
알 5~7월에 4개쯤 낳는다.

꿩

까투리

장끼 1998년 2월 서울 능동 어린이대공원

꿩은 울릉도나 아주 외딴 섬을 빼면 우리나라 어디서나 사는 텃새입니다. 암컷보다 수컷이 몸집도 크고, 깃털 색도 고와요. '꿩, 꿩' 하고 운다고 꿩이라고 부르는데 수컷과 암컷을 따로 나누어 부르기도 해요. 수컷은 장끼라고 부르고, 암컷은 까투리라고 부르지요.

꿩은 밤에는 나무 위에 앉아서 지내지만 낮에는 땅 위에 있을 때가 많아요. 날개는 둥글고 짧아서 멀리 날지 못해요. 날 때도 단숨에 날지 못하고 종종걸음을 친 다음에 날아오른답니다. 대신 부리가 매우 단단하고 발가락도 튼튼해요. 장끼는 수탉처럼 며느리발톱이 있어서 적과 싸울 때 무기삼아 쓸 수도 있지요.

꿩이 살기에 좋은 곳은 가까운 곳에 논밭이 있고 수풀이 우거진 낮은 산입니다. 꿩은 수컷 한 마리가 암컷 여러 마리와 짝짓기를 하지요. 둥지는 암컷 혼자서 눈에 띄지 않는 곳을 골라 땅을 오목하게 파서 만듭니다. 해마다 4~6월에 적게는 6~8개, 많게는 18개까지 알을 낳기도 하지요. 암컷은 새끼들이 깨어나면 새끼들과 함께 둥지를 떠납니다. 새끼들은 어미의 꽁무니를 따라다니며 어미가 가르쳐 주는 먹이만 골라 먹지요. 보리밭이나 콩밭에서 갓 익은 곡식의 낟알을 즐겨 먹지만 개미나 메뚜기 같은 곤충도 먹어요.

분류 조류 닭목 꿩과
다른 이름 까투리, 장끼, 껑
사는 곳 낮은 산이나 마을 둘레에 산다.
좋아하는 먹이 곡식, 곤충 따위
알 4~6월에 6~10개 낳는다.

닭

수탉 1994년 경북 청송

암탉과 병아리 1997년 4월 서울 상계동

닭은 꿩 무리에 딸린 새인데, 알과 고기를 얻으려고 기르는 새입니다. 사람이 닭을 기르기 시작한 때는 지금으로부터 4,000년쯤 전이라고 해요. 본디 인도나 말레이시아나 미얀마의 숲속에서 살던 야생닭이었는데 사람 손에 자라면서 생김새가 많이 달라졌어요. 몸집이 커지고 날개는 작아져서 잘 날지 못하게 되었답니다.

닭은 무엇이든 잘 쪼아 먹습니다. 풀잎이나 곡식 같은 식물도 잘 먹고 지렁이나 개구리, 곤충같이 작은 동물도 잘 먹어요. 소화가 잘 되라고 모래나 유리 조각 따위도 함께 쪼아 먹지요.

닭은 무리 생활을 해요. 무리 가운데 가장 힘이 센 수탉이 암컷들을 혼자 차지하지요. 수탉은 싸울 때 다리 뒤쪽에 난 날카로운 며느리발톱으로 상대를 할퀴고, 부리로 쪼아 댑니다. 수탉이 새벽에 우는 까닭은 자기 땅을 알리고 암컷들에게 힘을 자랑하려는 것이라고 해요. 그래서 이웃집 수탉이 울거나 눈에 띄면 더 자주 웁니다. 힘이 셀수록 울음소리가 더 크고 길지요.

암탉은 짝짓기가 끝나면 하루 이틀 뒤부터 15~18일 동안 10~20개쯤 알을 낳아요. 이때 사람이 알을 치워서 암탉 눈에 보이지 않으면 자꾸 알을 낳는대요. 어미닭이 알을 품으면 21일 만에 병아리가 깨어나지요.

분류 조류 닭목 꿩과
다른 이름 달그, 달기
사는 곳 집에서 기른다.
좋아하는 먹이 곡식, 곤충
알 하루나 이틀 만에 한 알씩 낳는다.
쓰임 고기와 알을 얻는다.

독수리

1997년 11월 경기도 과천 서울대공원

독수리는 수리 무리에 딸린 겨울 철새입니다. 1973년부터 나라에서 검독수리, 참수리, 흰꼬리수리와 함께 천연기념물로 정해서 보호하고 있지요. 암컷이나 수컷이나 모두 몸은 온통 검은 깃털로 덮여 있어요. 귀 둘레에서부터 뒷목 언저리까지는 살갗이 드러나 있습니다. 부리는 굵고 아래로 구부러져 있지요. 발은 매우 크고 억세어서 힘이 아주 셉니다.

독수리는 같은 수리 무리 가운데서도 몸집이 으뜸으로 큰 새랍니다. 하늘을 날 때는 넓고 긴 날개를 죽 펴고 천천히 맴돌면서 먹이를 찾습니다. 공기 흐름을 타기 때문에 날갯짓도 안 해요. 그러다가 먹이가 눈에 띄면 땅 위로 내려와 두 다리를 모으고 튀듯이 다가간대요. 사나운 생김새와는 달리 몸놀림이 둔해서 살아 있는 동물 사냥에는 실패할 때가 많다고 해요. 그래서인지 병들어 죽어 가는 동물도 잡아먹고 썩은 고기도 마다하지 않지요.

둥지는 높은 나무나 바위 벼랑에 지어요. 나뭇가지를 많이 쌓아서 큰 접시꼴로 짓고는 그 안에 짐승의 털을 깔지요. 알을 낳는 때는 2~4월인데, 흰색 바탕에 갈색 얼룩무늬가 있는 알을 한 개 낳습니다.

분류 조류 황새목 수리과
다른 이름 번대수리
사는 곳 가을에 산이나 들로 날아온다.
좋아하는 먹이 병들거나 죽은 짐승
알 2~4월에 한 개 낳는다.

두루미

1998년 1월 자연사박물관

두루미는 학이라고도 부르는데 오래 산다고 십장생의 하나로 쳤습니다. 십장생은 오래 사는 열 가지 생물이라는 뜻이에요. 우리 겨레는 두루미가 몸가짐이 점잖다고 선비 같은 새라고 여겼어요. 신선이 타고 다니는 새라고도 했지요. 그래서 도자기나 옷에도 많이 그려 넣었답니다. 두루미는 몸뚱이가 희고 목덜미와 다리는 검습니다. 날개에도 검은 깃털이 있어요. 그런데 날개를 접고 서 있으면 꽁지깃이 검은 것처럼 보이지요. 머리 위에는 붉은 점이 있고 부리는 한 뼘 가까이 되어 긴 편입니다.

　두루미는 우리나라 휴전선 언저리에서 겨울을 나고 봄이 오면 다시 러시아에 있는 아무르 강으로 떠나요. 늪이나 풀밭, 논밭에서 삽니다. 먹이는 이것저것 가리지 않고 잘 먹어요. 짝을 맺으면 죽을 때까지 함께 삽니다. 두루미는 부부끼리 춤을 추면서 큰 소리로 가락을 맞추어 노래를 부르지요. 수컷은 길고 낮은 목소리를 내고 암컷은 짧고 높은 소리를 한마디씩 냅니다. 이렇게 소리를 내면 부부 사이가 더 좋아진대요.

　알은 러시아로 돌아가서 4월 초순에 낳아요. 얼룩이 있는 누르스름한 알을 두 개 낳고는 암컷과 수컷이 번갈아 품습니다. 32~33일 품으면 새끼가 깨어나는데, 두 개 가운데 하나만 깨어날 때가 많다고 해요.

분류 조류 두루미목 두루미과
다른 이름 두래미, 학
종류 두루미, 재두루미, 흑두루미
사는 곳 가을에 논밭이나 늪이나 강으로 날아온다.
좋아하는 먹이 민물고기, 개구리, 곤충 따위
알 3~4월에 1~2개 낳는다.

따오기

1998년 1월 자연사박물관

따오기는 우리나라에서 겨울을 나는 겨울 철새예요. 옛날에는 흔하던 새인데 지금은 보기가 아주 어렵지요. 우리나라에서는 1978년 12월 판문점 언저리에서 마지막으로 나타난 적이 있을 뿐 아직까지 보이지 않고 있어요. 지금은 온 세계에 걸쳐 중국에만 50마리쯤 남아 있다고 해요.

따오기는 아래쪽으로 구부러진 긴 부리가 두드러지지요. 깃털은 옅은 붉은색을 띤 흰색이에요. 얼굴에는 붉은 살갗이 드러나 색다르게 생겼어요. 다리도 붉은색이지요. 뒷머리에는 10cm쯤 되는 가늘고 긴 깃털이 갈기처럼 나 있지요.

따오기는 소나무, 밤나무 같은 나무의 큰 가지에 나뭇가지와 마른 덩굴을 물어다가 둥지를 만들어요. 이른 아침이면 늪이나 논으로 날아와서 곤충, 물고기, 개구리, 올챙이 따위를 잡아먹지요. 먹이를 찾을 때는 긴 부리를 부드러운 진흙 속에 찔러 넣기도 하고, 물풀 아래를 뒤적이기도 한답니다.

알은 4~5월에 두세 개 낳는데, 파르스름한 바탕에 연한 갈색 얼룩이 나 있어요. 어미는 먹이를 삼켰다가 새끼의 입속으로 부리를 넣고 머리를 흔들어서 토해 줍니다.

분류 조류 황새목 저어새과
다른 이름 당오기, 따옥새
사는 곳 가을에 논이나 산골짜기나 늪에 날아온다.
좋아하는 먹이 개구리, 우렁이, 물고기, 곤충 따위
알 4~5월에 2~3개 낳는다.

딱따구리

오색딱따구리 | 1998년 1월 자연사박물관

딱따구리는 우리나라 텃새입니다. '딱딱' 소리를 내면서 나무를 두드린다고 딱따구리라는 이름이 붙었나 봐요. 딱따구리가 사는 숲에 가면 '따르르' 하고 산을 울리는 소리도 들을 수 있답니다. 이 소리로 나무속에 벌레가 있는지 알아 낼 뿐 아니라, 적에게 보금자리 가까이 오지 말라고 을러대기도 하지요. 또 딱따구리 종류에 따라서 소리가 다르기 때문에 자기와 같은 무리에게 신호를 보내는 구실도 해요. 딱따구리 가운데 오색딱따구리, 쇠딱따구리, 청딱따구리는 흔히 볼 수 있고, 크낙새는 천연기념물로 정해서 보살피지만 보기가 아주 어려운 새입니다.

딱따구리는 발가락이 앞뒤로 두 개씩 나 있어서 나무를 꽉 움켜잡을 수 있어요. 단단한 부리로는 망치질하듯이 나무를 쪼아서 나무껍질 아래 숨어 있는 벌레들을 잡아먹지요. 그래서 옛날부터 이로운 새로 알려졌습니다.

딱따구리는 골짜기나 시냇물 가까이 있는 나무에 구멍을 뚫어서 집을 만듭니다. 한번 만든 집은 몇 해 동안 쓰지요. 딱따구리 둥지는 다른 새들의 보금자리가 되기도 해요. 소쩍새나 올빼미는 딱따구리가 만든 나무 구멍을 둥지로 빌려 쓰기도 하지요.

분류 조류 딱따구리목 딱따구리과
다른 이름 딱딱새, 집바구, 째째구리
종류 오색딱따구리, 청딱따구리, 쇠딱따구리
사는 곳 산속 나무에 구멍을 파고 산다.
좋아하는 먹이 곤충의 애벌레
알 5~7월에 4~7개 낳는다.

뜸부기

1998년 1월 자연사박물관

뜸부기는 우리나라 어디에서나 볼 수 있던 여름 철새입니다. 수컷이 울 때 '뜸북 뜸북 뜸뜸뜸' 하는 소리를 낸다고 뜸부기라는 이름이 붙었어요. 뜸북새라고도 하지요. 〈오빠생각〉이라는 노래에는 '뜸북 뜸북 뜸북새 논에서 울고' 하는 노래말이 들어 있어요. 뜸부기는 이 노래말처럼 논이나 물가에서 살지요. 낮에는 풀 속에 숨어 있다가 아침저녁으로 먹이를 찾아서 나옵니다. 먹이로는 물풀이나 달팽이나 곤충 같은 것을 먹어요. 어린 싹이나 풀씨도 즐겨 먹습니다.

뜸부기는 몸길이가 40cm쯤 되는데 수컷이 암컷보다 큽니다. 깃털 색이나 생김새도 조금 다르지요. 수컷은 깃털이 자줏빛이고 암컷은 갈색을 띤답니다. 또 수컷은 암컷과 달리 이마에 붉고 단단한 살갗이 넓적하게 드러나 있어서 쉽게 가려낼 수 있어요. 뜸부기는 6월쯤부터 우리나라로 날아오기 시작해요. 수컷들이 보름쯤 먼저 날아와서 좋은 터를 잡고 나면 암컷들이 날아온답니다. 둥지는 논이나 풀밭, 물가의 갈대나 왕골밭에 짓지요. 벼 포기나 갈대 따위를 높이 쌓아서 엉성하게 지어요. 둥지를 틀고 나면 알을 3~6개 낳지요. 알에는 연한 갈색 무늬가 나 있답니다. 10월이 되면 새끼와 함께 따뜻한 남쪽으로 날아갑니다.

분류 조류 두루미목 뜸부기과
다른 이름 뜸북새, 뚬배기, 듬북이
사는 곳 봄에 논이나 물가로 날아온다.
좋아하는 먹이 곤충, 벼, 물풀
알 여름에 3~6개 낳는다.

매

1998년 1월 자연사박물관

매는 바닷가 벼랑에서 사는 보기 드문 텃새입니다. 암컷이 수컷보다 몸집이 크지요. 암컷과 수컷 모두 몸 위쪽은 푸른 잿빛을 띱니다. 가슴과 배는 흰색 바탕에 가로로 검은 얼룩무늬가 있지요. 부리와 다리는 노랗고, 부리 끝은 검어요. 날개는 눈에 띄게 길지요.

둥지는 바닷가에 있는 바위 벼랑에 절로 난 구멍이나 비를 피할 수 있는 곳에 틀어요. 높은 산 바위틈에 짓기도 해요. 하늘 높이 날다가 먹이가 될 만한 새를 보면 날개를 몸에 붙이고 곤두박질치듯이 내려갑니다. 그러고는 발로 내리쳐 죽이거나 발톱으로 거머쥔 채 땅으로 내려서지요. 이때 매가 내려가는 속도가 어찌나 빠른지 한 시간에 400km를 가는 빠르기라고 합니다. 매는 새나 들쥐나 멧토끼 따위를 즐겨 잡지요. 우리나라에서는 옛날부터 매를 길들여서 사냥을 했어요. 겨울철에 한 살 된 매를 잡아 길들인 다음에 꿩이나 토끼를 잡아 오도록 했답니다. 이 매를 송골매라고도 해요.

알은 해마다 3~5월 사이에 낳습니다. 암컷은 2~3일 사이를 두고 3~4개의 알을 낳아요. 알을 품은 지 28일이면 새끼가 깨어나지요. 어미는 새끼가 스스로 살 수 있을 때까지 먹이를 잡아 주면서 보살핍니다.

분류 조류 황새목 매과
다른 이름 수지니, 송골매, 보라매
사는 곳 섬이나 바닷가 바위틈에 산다.
좋아하는 먹이 새, 쥐, 멧토끼
알 3~5월에 서너 개 낳는다.

백조(고니)

1998년 1월 자연사박물관

백조는 물가나 늪에 사는 물새입니다. 겨울에만 우리나라를 찾아오는 겨울 철새이지요. 온몸이 희고 맵시가 아름답다고 백조라고 하지만 본디 이름은 고니랍니다. 고니 무리는 온 세계에 모두 여덟 가지가 산다는데, 우리나라에는 세 가지가 날아온다고 해요. 큰고니, 고니, 혹고니이지요. 고니 무리는 우리나라 겨울 철새들 가운데 몸집이 가장 크고 무겁습니다.

　고니는 덩치가 크기 때문에 단번에 하늘로 날아오르지 못해요. 활주로에서 날아오르는 비행기처럼 몸이 떠오를 때까지 한참 동안 물 위를 달립니다. 물 위에 내려앉을 때도 미끄럼 타듯이 미끄러지다가 풍덩 엉덩방아를 찧지요.

　고니는 한번 짝을 맺으면 죽을 때까지 같이 삽니다. 짝을 찾을 때 수컷들끼리는 서로 싸우지만 암컷을 만나면 넓고 큰 날개를 펴 보이면서 꾀지요. 짝짓기를 할 때면 암컷과 수컷이 물 위에서 마주 보고 짝짓기 춤을 춥니다. 짝짓기가 끝나면 둥지를 트는데, 갈대밭이 있는 얕은 못이나 늪에 만들지요. 둥지 짓는 일은 흔히 암컷이 맡고, 한 번에 5~8개쯤 알을 낳습니다. 31일쯤 알을 품으면 새끼가 깨어납니다. 알도 암컷이 품지만 가끔 먹이를 찾거나 물을 마시려고 둥지를 떠나면 수컷이 대신 품어 주기도 하지요.

분류 조류 기러기목 오리과
다른 이름 백새
종류 고니, 큰고니, 혹고니
사는 곳 가을에 저수지나 논이나 강으로 날아온다.
좋아하는 먹이 물풀, 물속 곤충 따위
알 5~6월에 5~8개 낳는다.

부엉이

수리부엉이 1998년 1월 자연사박물관

부엉이는 올빼미 무리에 딸린 새입니다. '부엉, 부엉' 하고 운다고 부엉이라는 이름이 붙었어요. 우는 소리는 종류에 따라서 조금씩 다르지요. 수리부엉이는 사람이 가까이 다가가면 부리를 마주쳐 '딱, 딱' 하는 소리를 내기도 한답니다.

부엉이는 올빼미와는 달리 머리에 털이 뿔처럼 길게 나 있어요. 이것을 귀뿔깃이라고 하지요. 마치 귀처럼 보이지만 얼굴 모습을 꾸미려고 세운 깃털이랍니다. 우리나라에서 사는 부엉이는 수리부엉이, 칡부엉이, 쇠부엉이, 솔부엉이 해서 네 가지입니다. 모두 천연기념물로 정해서 보살피고 있지요.

수리부엉이는 우리나라에서 나서 자라는 텃새예요. 우리나라 올빼미 무리 가운데 몸집이 가장 크지요. 어두워질 때부터 해가 뜰 무렵까지 밤에만 움직이는 새예요. 바위 벼랑이 있는 산에서 살면서 바위틈이나 벼랑 끝 바위 위에다 알을 낳습니다. 먹이로는 꿩, 쥐, 멧토끼, 뱀, 물고기처럼 살아 있는 작은 동물을 잡아먹지요.

칡부엉이와 쇠부엉이는 겨울 철새입니다. 칡부엉이는 귀뿔깃이 길고 쇠부엉이는 아주 짧아요. 솔부엉이는 여름 철새로 귀뿔깃이 없습니다. 솔부엉이는 5~7월에 나무 구멍에 알을 낳아 기르고는 겨울에 남쪽으로 날아가지요.

분류 조류 올빼미목 올빼미과
다른 이름 부어이, 부헝새
사는 곳 수리부엉이는 높은 산 바위틈에서 산다.
좋아하는 먹이 쥐, 멧토끼, 새, 뱀, 곤충
알 5~6월에 2~3개 낳는다.

비둘기

멧비둘기 | 1998년 1월 자연사박물관

비둘기는 비둘기 무리에 딸린 새를 두루 부르는 이름입니다. 온 세계에 300가지쯤 살고 있는데, 우리나라에는 이 가운데 네 가지가 살고 있어요. 양비둘기, 흑비둘기, 염주비둘기, 멧비둘기이지요.

멧비둘기는 우리나라에서 쉽게 볼 수 있는 텃새예요. '구굿 구굿 구굿' 하면서 우는 새예요. 산속이나 들판 어디서나 쉽게 볼 수 있지요. 소나무나 전나무 가지에 접시처럼 생긴 둥지를 짓고 살아요. 새끼는 한 해에 두어 번 까는데 알은 한 번에 두 개씩 낳는답니다. 새끼는 어미 새가 주는 먹이를 먹으면서 자라납니다. 어미 새는 콩이나 옥수수 같은 곡식이나 풀씨를 미리 쪼아 먹고는 어느 정도 소화를 시킨 다음 새끼에게 토해 주지요. 이것을 '비둘기젖'이라고 합니다.

우리가 공원에서 쉽게 만날 수 있는 집비둘기는 양비둘기를 길들인 것이라고 해요. 사람이 비둘기를 기르기 시작한 때는 지금으로부터 5,000년 전부터라고 하지요. 비둘기는 먼 곳으로 갔다가도 집으로 돌아오는 버릇이 있어요. 이것을 귀소 본능이라고 하지요. 옛날 사람들은 집비둘기의 귀소 본능을 이용해서 편지를 전했다고 해요. 이런 비둘기를 글을 전해 주는 새라는 뜻으로 '전서구'라고도 부른답니다.

분류 조류 비둘기목 비둘기과
다른 이름 꾸깽이
종류 양비둘기, 멧비둘기, 흑비둘기
사는 곳 멧비둘기는 들판이나 산에서 산다.
좋아하는 먹이 식물의 씨앗, 곡식, 열매
알 한 해에 두 번 두 개씩 낳는다.

뻐꾸기

1998년 1월 자연사박물관

뻐꾸기는 우리나라 어디서나 쉽게 볼 수 있는 여름 철새입니다. 낮은 산이나 숲속, 풀밭에서 살지요. '뻐꾹, 뻐꾹' 하면서 운다고 뻐꾸기라는 이름이 붙었어요. 그런데 이 소리는 수컷이 내는 소리랍니다. 텃세권을 알려서 다른 수컷이 자기 땅으로 들어오지 못하게 막는 소리이지요.

뻐꾸기는 스스로 둥지를 짓지 않아요. 새끼를 자기가 품어 기르지도 않지요. 남의 둥지에 알을 낳고 또 남의 힘으로 새끼를 기른답니다. 이것을 '탁란'이라고 해요. 알을 맡긴다는 뜻이지요. 보통 멧새나 때까치처럼 자기보다 몸집이 작고 자기들처럼 곤충을 먹고 사는 새를 골라서 탁란을 한답니다. 뻐꾸기는 알을 낳을 때가 되면 탁란을 할 가짜 어미 새의 둥지 언저리에서 기회를 엿봅니다. 가짜 어미 새가 둥지를 비웠을 때 서둘러서 알을 낳아요. 그리고는 그 새의 알 하나를 먹거나 둥지 밖으로 밀어서 떨어뜨리지요. 가짜 어미 새는 아무것도 모르고 자기 알과 뻐꾸기 알을 함께 품어 주지요. 그런데 뻐꾸기 새끼가 알에서 깨어나면 가짜 어미 새의 알을 모두 둥지 밖으로 밀어내 버리지요. 가짜 어미 새는 자기 새끼는 다 잃고 뻐꾸기 새끼를 자기 새끼인 줄 알고 먹이를 잡아다 주면서 정성껏 기른답니다.

분류 조류 뻐꾸기목 두견과
다른 이름 뻐꾹새, 꿀구기, 뿌꿈새
사는 곳 봄에 낮은 산과 들로 날아온다.
좋아하는 먹이 딱정벌레, 메뚜기, 벌 따위
알 5~8월에 다른 새 둥지에 낳는다.

오리

1994년 경기도 용인 에버랜드

오리는 오랜 옛날부터 집에서 기르는 새입니다. 깃털을 얻고 알과 고기를 먹으려고 기르기 시작했지요. 본디 들에서 살던 청둥오리를 사람들이 길들여서 집에서 기르게 되었답니다. 집오리는 길들여지는 동안 몸이 커지고 날개 힘이 약해져서 잘 날지 못하지요.

오리는 다리가 짧고 뒤에 붙어 있어서 땅에서는 뒤뚱뒤뚱 걷습니다. 그렇지만 발가락 사이에 물갈퀴가 있어서 헤엄을 잘 칩니다. 꽁지에는 기름샘이 있어요. 오리는 틈틈이 기름샘에서 나오는 기름을 깃털에 바릅니다. 이렇게 하지 않으면 깃털이 물에 젖어서 물에 잠기고 마니까요.

오리는 수컷이 암컷보다 몸집이 크고 꽁지깃털이 위로 더 말려 올라가 있습니다. 그렇지만 울음소리는 암컷이 훨씬 크고 우렁차지요. 암컷과 수컷은 알을 낳을 때가 되면 우거진 숲이나 움푹 팬 땅바닥을 찾아 마른 풀잎과 가슴털을 뽑아서 둥지를 만들어요. 알은 달걀과 비슷하게 생겼는데 크기가 조금 더 큽니다. 그런데 어미 집오리는 알을 낳을 뿐 품으려고 하지 않습니다. 그래서 옛날에는 닭이 대신 품도록 해서 새끼를 깠어요. 품은 지 28일쯤 지나면 알에서 새끼가 깨어납니다. 요즘은 인공 부화기에서 새끼가 깨어나도록 한답니다.

분류 조류 기러기목 오리과
다른 이름 집오리
사는 곳 집에서 기른다.
좋아하는 먹이 풀, 곤충, 개구리, 지렁이 따위
알 한 해에 150개쯤 낳는다.
쓰임 고기와 알은 먹고, 털은 옷 만드는 데 쓴다.

올빼미

1998년 2월 서울 능동 어린이대공원

올빼미는 우리나라 곳곳에 퍼져 사는 텃새입니다. 매나 독수리처럼 작은 짐승이나 새를 잡아먹고 살지요. 이런 새들을 맹금류라고 불러요. 올빼미는 나무가 우거진 산에서도 살고 마을 가까이에서도 살아요. 둥지는 오래된 나무에 생긴 구멍이나 딱따구리가 살던 구멍에 틉니다. 알도 나무 구멍에 낳는데 동그랗고 새하얗습니다.

올빼미는 낮에는 나뭇가지에서 쉬고 밤에만 먹이를 찾아 움직이지요. 눈과 귀가 밝아서 어두운 밤에도 먹이를 잘 찾아냅니다. 먹이가 움직이는 소리만 듣고도 먹이가 어느 쪽으로 얼마만큼 떨어진 곳에 있는지 안다고 해요. 오른쪽 귀와 왼쪽 귀가 어긋나게 붙어 있어서 위나 아래에서 들리는 소리까지 가려낸다고 하지요. 머리도 180도로 돌릴 수 있어서 사방을 마음대로 볼 수 있어요.

올빼미는 소리 없이 날 수 있어요. 그래서 먹이가 되는 동물은 올빼미가 발톱을 펴고 달려들 때까지 알아차리지 못하지요. 올빼미는 들쥐나 작은 새나 곤충 따위를 잡아먹고 산답니다. 그 가운데서도 등줄쥐를 좋아한다고 해요. 올빼미는 위가 튼튼해서 먹이를 통째로 삼켜도 금방 소화를 시켜요. 소화가 안 되는 털이나 뼈는 도로 토해 낸답니다.

분류 조류 올빼미목 올빼미과
사는 곳 논밭이나 마을 둘레에 있는 오래된 나무 구멍에 산다.
좋아하는 먹이 쥐, 곤충, 새 따위
알 이른 봄에 두세 개 낳는다.

잉꼬(사랑새)

1997년 10월 서울 천호동

잉꼬는 앵무새 무리에 딸린 새입니다. 옛날부터 조롱에 가두어 놓고 기르던 새이지요. 암컷 수컷이 사이가 좋아서, '잉꼬 부부'라고 하면 부부 사이가 정답다는 뜻을 나타내게 되었지요. 그런데 잉꼬라는 이름은 일본에서 건너온 것이고, 우리나라에서는 사랑새라고 불러요. 사랑새는 윗부리가 아래쪽으로 구부러져 있고 끝이 갈고리처럼 생겼어요. 그래서 털 고르기 같은 꼼꼼한 일도 할 수 있고, 씨앗이나 딱딱한 열매 껍데기를 깰 수도 있지요.

사랑새는 암컷과 수컷을 콧구멍 언저리를 둘러싼 살갗의 색깔로 알아볼 수 있어요. 수컷은 푸른색이고, 암컷은 옅은 갈색을 띠니까요. 짝짓기 때가 되면 암컷과 수컷 모두 색깔이 짙어집니다. 이때 암컷은 나무를 갉아서 부스러기를 만들어 둥지 속으로 모아들이지요. 깨어난 지 여섯 달쯤 된 수컷과 암컷을 짝지워서 한 조롱에 넣어 두면 짝짓기를 하지요. 수컷은 먹이를 토해서 암컷에게 먹이거나 볼을 비비면서 암컷을 꾀어요. 사랑새는 보통 이틀에 한 개씩 열흘에 걸쳐 대여섯 개의 알을 낳습니다. 처음 알을 낳기 시작하면 한 해 동안 계속해서 다섯 번쯤 새끼를 까지요. 암컷이 18~20일쯤 알을 품으면 새끼들이 깨어납니다.

분류 조류 앵무목
다른 이름 사랑새
종류 녹색잉꼬, 황색잉꼬, 백색잉꼬 따위
사는 곳 동물원이나 집에서 기른다.
좋아하는 먹이 좁쌀, 배춧잎, 멸치 가루 따위
알 한 해에 다섯 번쯤 5~6개 낳는다.

제비

1998년 1월 자연사박물관

제비는 우리나라 어디에서나 쉽게 볼 수 있는 여름 철새입니다. 봄이 오면 남쪽에서 우리나라에 날아와 알을 낳고 새끼를 길러요. 가을이면 다시 먼 남쪽으로 날아가지요.

제비는 비가 들이치거나 햇빛이 들지 않는 처마 밑에 둥지를 짓고 살아요. 입으로 지푸라기와 진흙을 물어다가 침으로 섞은 다음 벽에 붙이지요. 밥그릇처럼 생긴 둥그런 둥지를 다 짓기까지는 일주일쯤 걸립니다. 그러면 짝을 짓고 알을 낳아요. 2~3주가 지나면 알에서 새끼가 깨어나지요. 새끼는 부모가 물어다 주는 파리나 잠자리 같은 곤충을 먹고 자랍니다. 제비는 한 해에 두 번 새끼를 까요. 먼저 난 새끼는 두 번째 알을 낳을 때쯤 되면 다 자라서 집을 떠나지요.

제비는 농사를 해코지하는 벌레를 많이 잡아먹기 때문에 사람에게 이로운 새예요. 옛날부터 농사꾼들은 제비를 보고 날씨를 짐작했어요. 제비가 높게 날면 날씨가 맑고, 낮게 날면 비가 오리라고 여겼습니다. 제비가 오고 가는 때를 살펴서 풍년이 들지 흉년이 들지 점치기도 했지요. 그런데 날이 갈수록 제비가 줄어들고 있어요. 농약 때문에 먹이가 되는 곤충이 거의 없어졌기 때문이에요. 또 처마가 있는 집이 줄어들어서 제비가 집을 지을 곳이 줄어들었기 때문이지요.

분류 조류 참새목 제비과
다른 이름 지비, 연자
사는 곳 봄에 마을로 날아온다.
좋아하는 먹이 곤충이나 벌레
알 한 해에 두 번 3~7개씩 낳는다.

종다리

1998년 1월 자연사박물관

종다리는 우리나라 어디에서나 쉽게 볼 수 있는 텃새입니다. 종달새라고도 하지요. 논밭이나 풀밭, 강가의 모래밭 같은 곳에서 살면서 모래 목욕을 하기도 합니다. 특히 보리밭에 자주 날아들지요. 이런 곳에서 땅 위를 걸어 다니면서 풀씨나 곤충 따위를 먹고 살아요. 등은 갈색 바탕에 검은 가로무늬가 있고, 가슴에는 갈색 가로무늬가 있어요. 머리에는 작고 둥근 댕기깃이 있지요. 종다리 무리는 온 세계에 75가지가 살고 있는데, 우리나라에는 그 가운데 세 가지가 살고 있답니다.

종다리는 보통 30~40마리가 무리를 지어 살지만 알을 낳을 때가 되면 암수가 짝이 되어 텃세권을 만듭니다. 수컷은 텃세권을 지키려고 하늘 높이 떠서 큰 소리로 지저귀지요. 강가의 풀밭이나 보리밭의 풀뿌리 둘레 오목한 곳에 마른풀을 깔고 밥그릇처럼 생긴 둥지를 지어요. 3~7월에 3~5개쯤 알을 낳아요. 알을 품은 지 11~12일이면 새끼가 깨어나지요. 새끼는 어미의 품에서 열흘쯤 자라면 둥지를 떠나서 혼자 살기 시작합니다. 이때는 조심성이 많아져서 둥지에서 멀찌감치 내려앉은 다음 둘레를 살피면서 걸어간답니다.

분류 조류 참새목 종다리과
다른 이름 종달새, 노고지리
사는 곳 논밭이나 들판에 산다.
좋아하는 먹이 풀씨, 벼 이삭, 곤충 따위
알 3~7월에 3~5개씩 낳는다.

참새

1998년 1월 자연사박물관

참새는 도시나 농촌 어디서나 쉽게 볼 수 있는 우리나라 텃새입니다. 사람이 만들어 준 새집에도 잘 들고, 다른 새가 버린 둥지에 알을 낳기도 해요. 옛날에는 초가집 지붕에 둥지를 틀었습니다. 초가집 지붕에 둥지를 틀면 따뜻하고, 다른 짐승들의 눈에도 잘 안 띄고, 지붕 속에 사는 벌레도 잡아먹을 수 있으니까요. 요즘에는 초가집이 없기 때문에 전봇대 구멍이나 벽 틈, 슬레이트나 기와 지붕 같은 곳에 집을 지어요.

　　참새는 새끼를 잘 깝니다. 이른 봄에 한 번 알을 낳아 새끼를 키운 다음에 또 한 번 알을 낳지요. 참새 한 쌍이 낳아 기르는 새끼는 한 해에 10~15마리쯤 됩니다.

　　참새는 무엇이든지 잘 먹어요. 곡식이나 풀씨는 말할 나위 없고 곤충이나 사람이 먹다 버린 음식 찌꺼기까지 먹어 치웁니다. 벼 이삭이 패기 시작하면 시골에서는 참새를 쫓느라 바빠집니다. 허수아비를 세워 놓거나 깡통에 돌을 넣어서 달아 놓기도 하지요. 이때 참새들은 떼 지어 몰려다니면서 막 익어 가는 벼 알갱이를 쪼아 즙을 빨아 먹어요. 하지만 참새가 해만 끼치는 것은 아니에요. 논밭에서 곡식을 해코지하는 해충도 잡아먹으니까요.

분류 조류 참새목 참새과
다른 이름 사이, 밥주리
사는 곳 마을 둘레나 논밭에 산다.
좋아하는 먹이 풀씨, 벼 이삭, 곤충 따위
알 4~8개씩 한 해에 여러 번 낳는다.

청둥오리

암컷

수컷 1998년 1월 자연사박물관

청둥오리는 강이나 저수지에서 흔히 볼 수 있는 겨울 철새입니다. 11월이 오면 겨울을 나려고 우리나라를 찾아오지요. 한군데서 수백 수천 마리가 떼 지어 겨울을 납니다. 그래야 먹이를 찾기도 쉽고 적이 나타나도 쉽게 알 수 있기 때문이에요. 3월 말쯤에 다시 고향인 북만주나 시베리아로 떠나지요. 요즘에는 돌아갈 생각을 않고 그대로 머물러 사는 청둥오리도 있어요.

청둥오리는 냄새는 잘 못 맡지만 조심성이 많고 밤눈과 귀가 밝습니다. 무리를 지어 쉬거나 먹이를 찾다가도 낯선 소리가 들리면 재빨리 날아가 버리지요. 청둥오리는 물에 뜬 채로 물속에 사는 곤충이나 물고기, 물풀 따위를 먹고 살아요. 낮에는 물 위나 풀숲에서 쉬고 밤에는 부리를 어깨깃 사이에 넣고 잡니다.

청둥오리는 보통 4월에서 7월 사이에 짝짓기를 하지요. 수컷이 부리로 털을 더듬는 시늉을 하거나 목을 아래 위로 움직이는 것은 암컷을 꾀는 몸짓이에요. 알은 한 번에 열 개쯤 낳고, 알을 품은 지 28일이 지나면 새끼가 깨어납니다. 청둥오리는 깨어나서 처음 본 움직이는 것을 어미인 줄 알고 무조건 따라다닙니다. 이것을 어미 모습을 머리에 새긴다는 뜻에서 각인이라고 하지요.

분류 조류 기러기목 오리과
다른 이름 청뒹오리
사는 곳 가을에 강이나 저수지나 논밭으로 날아온다.
좋아하는 먹이 풀씨, 곡식 이삭, 곤충 따위
알 4~7월에 열 개쯤 낳는다.

땅 위에 사는 동물

젖먹이동물의 특징

젖먹이동물은 조그마한 생쥐부터 아주 큰 코끼리까지 크기나 생김새가 저마다 다릅니다. 사는 모습도 무척 달라요. 그런데 크기나 생김새가 달라도 젖먹이동물끼리는 여러 가지 같은 특징을 지니고 있답니다.

젖먹이동물은 몸의 온도가 여름이나 겨울이나 37℃ 안팎으로 한결같아요. 털이나 땀샘이나 심장 따위가 잘 발달했기 때문이지요. 덥거나 추우면 털갈이를 해서 몸 온도를 조절하고, 땀을 흘려서 몸 온도를 낮추기도 하지요. 또 심장이 튼튼해서 머리끝에서 발끝까지 따뜻한 피를 보낼 수 있답니다. 그래서 북극에 사는 곰이나 열대 지방에 사는 원숭이나 몸의 온도는 비슷해요.

젖먹이동물은 새끼를 낳아요. 새끼는 어미 배 속에서 자라다가 세상에 나옵니다. 새끼는 어미 배 속에서 탯줄로 산소와 영양을 받아 먹고 자라지요. 그래서 젖먹이동물들은 배꼽이 있어요. 배꼽은 탯줄이 있던 자리랍니다. 새끼는 어미 젖을 먹고 자랍니다. 사람도 젖먹이동물이에요. 그래서 우리 몸에도 배꼽이나 젖처럼 다른 젖먹이동물과 비슷하게 생긴 것이 많답니다.

개 강아지

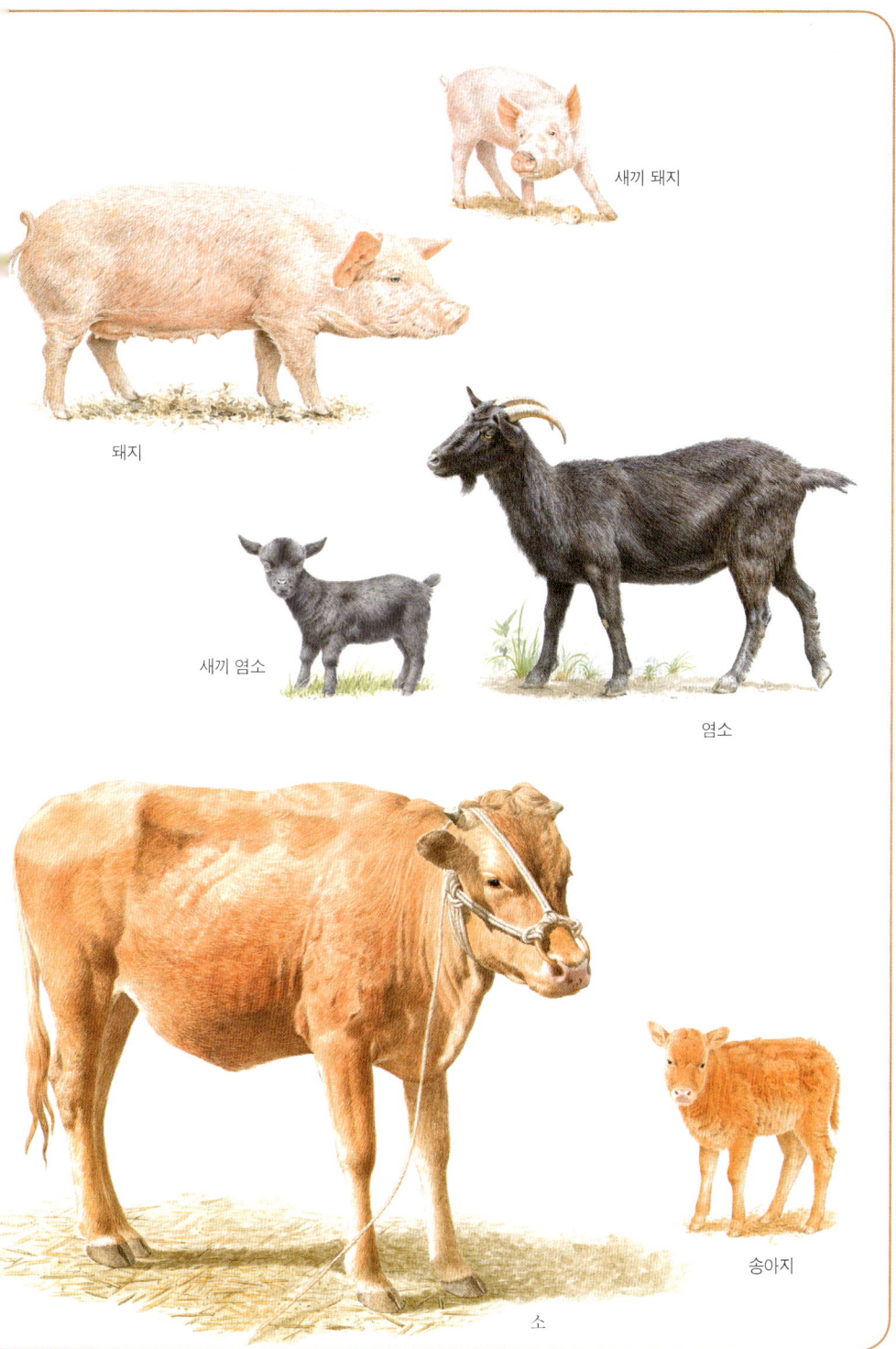

개

진돗개 1994년 3월

개는 가장 오래된 집짐승입니다. 세계 어느 나라에서나 기르지요. 개는 사람에게 많은 도움을 줍니다. 집을 지켜 주는 개도 있고, 양 떼를 모는 개도 있고, 썰매를 끄는 개도 있지요. 개는 냄새를 아주 잘 맡습니다. 어떤 개들은 비가 억수같이 내리고 난 다음 사흘이 지난 뒤에도 냄새로 사람의 자취를 찾기도 한대요. 이 냄새 맡는 능력을 이용해서 사람을 찾거나 잃어버린 물건을 찾기도 하지요.

개는 들판을 떠돌아다니던 야생개의 자손입니다. 늑대를 길들여서 개가 되었다는 말도 있지요. 오줌을 누어서 텃세권을 표시하거나 물건을 물어다 놓거나 하는 짓이 야생개 때 가졌던 버릇이지요. 개는 땀을 흘리지 않는 대신에 혀를 내밀어 몸의 온도를 조절합니다.

우리나라에서만 사는 개로는 진돗개, 삽살개, 풍산개가 있어요. 옛날 진도에서는 사냥꾼이 총 한 방 쏘지 않고도 진돗개만 데리고 노루나 멧토끼를 잡았다고 해요. 또 삽살개는 보통 때는 순하고 점잖지만 한번 싸움이 붙으면 물러서지 않는 용감한 개랍니다.

개들도 얼굴 표정이나 몸짓이나 소리로 말을 한답니다. 화가 날 때는 입술을 위로 들어 올려 이를 드러냅니다. 무서울 때는 귀를 뒤로 젖히고 꼬리를 내리지요. 주인에게는 꼬리를 살랑거리거나 몸을 비틀며 응석을 부리기도 해요.

분류 포유류 식육목 개과
다른 이름 가이, 강아지, 강생이
종류 진돗개, 삽살개, 풍산개
사는 곳 집에서 기른다.
좋아하는 먹이 아무거나 잘 먹는다.
새끼 한배에 4~6마리를 낳는다.

고슴도치

1994년 4월

고슴도치는 살갗이 온통 가시로 덮인 젖먹이동물입니다. 배 쪽에만 털이 나 있고 등과 옆구리, 머리까지 가시로 빽빽이 덮여 있어요. 가시의 수는 만 개도 넘는다고 하지요. 보통 때는 가시를 눕히고 있지만 위험을 느끼면 가시를 곤두세우고 몸을 동그랗게 말아서 웅크립니다. 그러면 꼭 밤송이 같지요.

고슴도치는 낮은 산이나 밭에서 많이 삽니다. 집 가까이 내려오기도 해요. 흔히 밤에만 움직이지만, 비가 많이 내려서 먹이를 찾지 못할 때는 낮에도 움직이지요. 먹이로는 곤충이나 지렁이, 달팽이 따위를 좋아하고 채소 같은 식물성 먹이도 먹어요. 여름철에 양분이 많은 동물성 먹이를 먹어서 몸을 기름지게 한 뒤에 10월 중순부터 이듬해 3~4월까지 아무것도 안 먹고 겨울잠을 자지요. 겨울잠을 잘 때는 체온을 5℃쯤으로 낮추어 땅속과 같은 온도가 되게 한대요.

고슴도치는 눈이 어둡지만 냄새는 아주 잘 맡습니다. 짝짓기를 할 때 수컷은 암컷의 냄새를 맡고 찾아가지요. 5월에서 9월 사이에 새끼를 낳는데, 적게는 두 마리, 많게는 일곱 마리까지 낳습니다. 한 해 동안 새끼를 두 번 치기도 해요. 새끼는 털이 아주 부드럽지만, 난 지 이틀쯤 되면 까만 가시털이 몸에 돋아납니다.

분류 포유류 식충목 고슴도치과
다른 이름 고슴돛, 고순도치
사는 곳 낮은 산이나 들판에서 산다.
좋아하는 먹이 곤충, 쥐, 도마뱀, 나무 열매, 버섯 따위
새끼 5~9월에 2~7마리를 낳는다.

가시를 곤두세우고 웅크린 고슴도치

고양이

1998년 2월 서울 대조동

고양이는 쥐를 잡으려고 집에서 기르던 젖먹이동물입니다. 먼 옛날 이집트에서부터 들고양이를 잡아 집짐승으로 길들였다고 합니다.

  고양이는 눈이 아주 밝아요. 어두운 곳에서는 사람보다 여섯 배나 더 잘 볼 수 있다고 하지요. 또 더듬이 구실을 하는 수염이 있어서 쥐가 아무리 살살 움직여도 단박에 알아내지요. 작은 틈이 있으면 그 틈으로 빠져 나갈 수 있는지 없는지도 수염으로 알 수 있어요. 몸의 균형을 잡는 능력도 뛰어납니다. 높은 곳에서 거꾸로 떨어져도 공중에서 몸의 방향을 바꾸어 네 다리로 사뿐히 땅에 내려서지요.

  고양이는 먹이를 찾아내면 몸을 낮추고 살금살금 다가갑니다. 발바닥도 두껍고 발톱을 살갗 속에 집어넣고 걷기 때문에 소리가 안 나요. 그러다가 먹이에 가까이 가면 날카로운 발톱을 드러내고 내리치지요. 고양이는 들고양이 때부터 지니고 있던 버릇이 많이 남아 있어요. 몸에 묻은 냄새를 앞발로 닦아 내고, 똥이나 오줌을 누면 흙으로 덮어 흔적을 없애지요. 새끼를 낳으면 두세 번 집을 옮긴답니다. 또 먹이를 잡으면 그 자리에서 먹어 치우지 않고 살려서 가지고 놀다가 나중에 먹기도 해요. 이것은 모두 길들여지지 않을 때부터 지녔던 버릇이랍니다.

분류 포유류 식육목 고양이과
다른 이름 고내이, 괭이, 귀앵이, 새끼미
사는 곳 집에서 기른다.
좋아하는 먹이 물고기, 쥐, 새, 곤충 따위
새끼 한배에 4~6마리씩 한 해에 여러 번 낳는다.

곰

반달가슴곰 1994년 7월 경기도 과천 서울대공원

곰은 깊은 산에서 사는, 몸집이 큰 젖먹이동물입니다. 다리는 짧고 굵어요. 발톱은 크고 갈고리처럼 생겼지요. 그래서 나무도 잘 타고 물고기도 잘 잡아요. 배가 고프면 나무에 올라가서 도토리 같은 나무 열매를 따 먹거나, 구멍을 파서 개미 애벌레를 후벼 먹기도 하지요. 다른 동물을 덮칠 때는 앞발을 들고 일어서서 힘센 앞발로 내리친답니다.

우리나라에는 불곰과 반달가슴곰이 살아요. 불곰은 함경도나 평안북도에 남아 있다고 해요. 반달가슴곰은 설악산이나 지리산에서 아주 적은 수가 살고 있다고 합니다. 반달가슴곰은 몸이 검은 털로 덮여 있고, 가슴에는 흰 반달 무늬가 있지요. 사람을 보면 먼저 피하지만, 새끼를 칠 때나 상처를 입었을 때는 사람한테 달려들기도 한대요. 옛날에는 먹을 것을 찾아서 산골 마을로 내려오기도 했대요.

반달가슴곰은 겨울에는 해가 잘 드는 나무 구멍이나 굴속에서 겨울잠을 잡니다. 보통 겨울잠을 자는 동안 새끼를 낳고 봄이 되면 새끼와 함께 밖으로 나오지요. 새끼는 한 번에 한 마리나 두 마리를 낳아요. 새끼 곰은 석 달쯤 지나면 어미 곁을 쫓아다닐 정도로 자랍니다. 그러다가 어미곰이 다시 새끼를 낳을 때가 되면 쫓겨나서 혼자 힘으로 살아가지요.

분류 포유류 식육목 곰과
다른 이름 너페, 능소니
사는 곳 아주 깊은 산속에서 산다. 참나무가 많은 곳을 좋아한다.
좋아하는 먹이 도토리, 호두, 나뭇잎, 곤충, 꿀
새끼 2~4월에 1~2마리를 낳는다.

기린

1997년 6월 경기도 과천 서울대공원

기린은 세상에서 가장 목이 긴 젖먹이동물입니다. 목이 길긴 해도 목뼈의 수는 다른 젖먹이동물과 마찬가지로 일곱 개예요. 심장이 튼튼해서 목이 길어도 센 힘으로 머리 꼭대기까지 피를 보낼 수 있어요. 기린은 목도 길지만 혀도 길답니다. 그래서 높은 나뭇가지에 달린 잎을 쉽게 따 먹을 수가 있어요. 목이 닿지 않으면 긴 혀를 쑥 내밀어 나뭇잎을 훑어 먹지요. 하지만 목이 길기 때문에 고개를 숙이기가 쉽지 않아요. 그래서 물을 마실 때는 다리를 넓게 벌려야 입을 물에 갖다 댈 수 있답니다.

기린은 암수 모두 뿔이 나 있어요. 긴 목과 뿔은 수컷끼리 싸움을 할 때도 쓰지요. 몸에 난 얼룩무늬는 사람 손에 난 지문처럼 죽을 때까지 바뀌지 않아요. 수컷과 암컷은 먹이를 먹는 모습이 다르지요. 수컷은 머리와 목을 똑바로 위쪽으로 뻗고, 암컷은 목을 비틀어 키 작은 나무의 잎을 많이 먹으니까요.

암컷은 2년에 한 마리 꼴로 새끼를 낳아요. 새끼 가운데 암컷은 그대로 무리에 남아 있지만, 수컷은 태어난 지 3~4년이 지나면 무리를 떠납니다. 수컷은 짝짓기 때가 되면 다른 수컷에게 힘을 뽐내면서 짝짓기 할 암컷을 찾아다니지요.

분류 포유류 소목 기린과
사는 곳 아프리카에서 산다. 동물원에서 기르기도 한다.
좋아하는 먹이 나뭇잎, 풀잎
새끼 한배에 한 마리 낳는다.

너구리

1998년 2월 강원도 양양

너구리는 개과에 딸린 젖먹이동물입니다. 여우와 비슷하게 생겼지만 여우보다 둔해 보이고 다리와 꼬리도 여우보다 짧습니다. 보통 낮에는 굴에서 낮잠을 자고 밤에 먹이를 찾아서 돌아다니지요. 나무에도 잘 기어오르고 개울이나 못에도 잘 들어가요. 바다에 들어가서 물고기를 잡아먹기도 한대요. 먹이로는 물고기, 들쥐, 뱀, 개구리뿐 아니라 도토리, 고구마 같은 것도 가리지 않고 먹는 잡식성 동물이에요. 적을 만나면 몸집이 커 보이게 털을 잔뜩 부풀리고 곤두세웁니다. 또 사냥꾼을 만나면 죽은 척하기도 하지요.

　　너구리는 골짜기나 바위틈에 난 동굴 속에서 삽니다. 혼자 사는 것도 있지만 식구끼리 모여서 살기도 하지요. 여우나 오소리가 파 놓은 굴을 빼앗아서 살기도 해요. 겨울잠을 잘 때는 굴속에 이끼나 마른풀을 깔고 자지요. 자다가 먹이를 찾으러 나오기도 하는데, 돌아다니다가 눈보라를 만나면 풀숲에서 그냥 웅크리고 잠이 든대요.

　　너구리는 2~3월에 짝짓기를 하고 4~5월에 새끼를 5~8마리 낳습니다. 새끼는 태어난 지 한 달쯤 지나면 젖을 떼고 어미를 따라 밖으로 나가 먹이를 찾습니다. 너구리는 경계심이 적은 편인 데다가 다니는 길도 정해져 있어서 사냥꾼의 덫에 쉽게 걸리는 편이에요. 그래서 날이 갈수록 수가 줄고 있습니다.

분류 포유류 식육목 개과
다른 이름 너우리, 넉다구리
사는 곳 깊은 산골짜기에서 산다.
좋아하는 먹이 물고기, 개구리, 새, 나무 열매 따위
새끼 4~5월에 5~8마리를 낳는다.

노루

1994년 4월 경기도 과천 서울대공원

노루는 순하고 겁이 많은 젖먹이동물입니다. 우리나라에서는 산이 그리 깊지 않아도 쉽게 찾아볼 수 있어요. 다른 동물과 달리 해가 잘 드는 쪽보다는 그늘진 곳을 좋아하지요. 노루는 겁이 많아요. 누가 나타나면 망을 보던 노루가 '껑껑껑' 하고 울어 댑니다. 그러면 모두 잽싸게 달아나지요. 노루는 단숨에 6~7m를 뛸 수 있고, 한 시간에 70~80km를 너끈히 달릴 수 있지요.

노루는 수컷만 뿔이 있습니다. 뿔을 보고 나이도 알 수 있어요. 한 살 된 노루는 가지가 한 개이고, 세 살 된 것은 두 개예요. 다섯 살이 넘으면 세 개이지요. 세 개 넘게는 나지 않아요. 수컷들은 가을이 되면 뿔을 맞대고 싸움을 합니다. 암컷을 차지하고 짝짓기를 하려고 그러지요. 노루는 한번 짝을 맺으면 줄곧 같이 삽니다. 부부 가운데 한 마리가 사냥꾼에게 잡히면 며칠 동안이고 그 자리를 맴돌면서 슬피 운다고 해요.

노루는 풀잎이나 나무 열매나 뿌리를 먹고 살아요. 제주도 한라산에서 사는 노루들은 진달래잎과 시로미 열매를 잘 먹지요. 노루도 소처럼 되새김질을 합니다. 그래서 나무껍질이나 도토리처럼 딱딱한 먹이도 잘 먹는답니다.

분류 포유류 소목 사슴과
다른 이름 노리, 놀가지, 놀개이, 놀기
사는 곳 산에 산다. 한라산에 많이 산다.
좋아하는 먹이 시로미 열매, 풀잎, 나뭇잎, 나무 열매
새끼 5~6월에 한두 마리 낳는다.

늑대

1993년 9월 경기도 과천 서울대공원

늑대는 개과에 딸린 젖먹이동물입니다. 새끼 칠 때를 빼고는 무리를 지어 돌아다니지요. 무리는 보통 암수 한 쌍과 새끼들로 이루어져 있어요. 늑대가 무리를 지어 사는 까닭은 힘을 합쳐야 먹이를 잡을 수 있기 때문이에요. 늑대는 토끼나 노루 같은 먹잇감들보다 훨씬 더디 뛰어요. 한 시간에 50km쯤 되는 빠르기로 달릴 수 있을 뿐이니까요. 그래서 여럿이 힘을 모아 한 떼는 먹잇감을 몰고 또 한 떼는 길목을 지키지요. 이렇게 해서 발이 빠른 동물도 잡아먹을 수가 있답니다. 늑대는 덩치는 작아도 힘이 아주 세요. 옛날에는 먹이를 찾아서 마을로 내려와서 염소를 물고 달아나기도 했대요. 힘센 이로 먹이가 되는 동물의 큰 뼈도 쉽게 부수고 소화도 잘 시킵니다. 산양이나 노루 정도는 앉은자리에서 털도 안 남기고 다 먹어 버리지요.

늑대 무리는 울음소리로 자기가 있다는 것을 알리고, 오줌을 싸서 자기 땅이라는 것을 나타냅니다. 어쩌다 무리끼리 서로 부딪치게 되면 심한 싸움이 벌어지기 때문에 울음소리로 다른 무리가 가까이 다가오는 것을 막지요.

늑대는 겨울에 바위틈이나 굴속에서 새끼를 낳아요. 한 번에 4~7마리쯤 낳는데, 새끼는 3~5개월이 지나면 무리와 함께 생활할 수 있을 만큼 자라요.

분류 포유류 식육목 개과
다른 이름 넉대, 승냉이
사는 곳 아주 깊은 산에서 산다.
좋아하는 먹이 토끼, 쥐, 새 따위
새끼 4~5월에 4~7마리 낳는다.

다람쥐

1993년 5월

다람쥐는 쥐 무리에 딸린 젖먹이동물입니다. 암컷과 수컷 모두 모습과 색깔이 같아요. 털은 옅은 갈색인데 등 쪽에 진한 갈색 줄무늬가 다섯 줄 나 있지요. 발에는 날카로운 발톱이 있어서 나무를 아주 잘 타요. 양쪽 뺨에는 뺨주머니가 있어서 그 속에 먹이를 넣어 나릅니다. 다른 쥐 무리 동물처럼 이가 줄곧 자라기 때문에 쉬지 않고 나무를 쏠거나 딱딱한 열매를 갉아 먹어요. 이가 닳도록 하기 위해서지요. 먹이로는 도토리나 밤이나 잣 같은 나무 열매를 좋아하지만 땅콩이나 채소 싹도 잘라 먹곤 합니다.

다람쥐는 보금자리가 땅속에 있기 때문에 땅 위로도 많이 돌아다녀요. 땅 위를 돌아다니다가 먹이를 찾으면 뺨주머니에 집어넣고 바위나 나무 그루터기처럼 안전한 곳에 가서 먹지요. 적이 나타나면 재빠르게 나무 위로 올라갑니다.

다람쥐는 쓰러진 나무 사이나 돌 밑, 썩은 나무 그루터기 같은 곳에 굴을 파고 살아요. 굴 안에는 방이 여러 개 있습니다. 잠을 자는 방, 먹이를 갈무리하는 방, 똥을 누는 방이 따로 있지요. 굴을 파면서 나온 흙은 뺨주머니에 넣어 멀리 내다 버립니다. 자기가 사는 곳을 들키지 않으려고 그러지요. 날이 선선해지면 먹이를 굴속으로 나르고 10월 중순 무렵이면 겨울잠을 자려고 땅속으로 들어갑니다.

분류 포유류 쥐목 다람쥐과
사는 곳 산이나 마을 둘레에서 산다.
다른 이름 다래미, 다람지, 새양지
좋아하는 먹이 도토리, 밤, 버섯 따위
새끼 한 해에 두 번, 4~7마리 낳는다.

도마뱀

1993년 10월

도마뱀은 파충류에 딸린 변온동물입니다. 변온동물은 날씨나 둘레의 온도에 따라서 몸의 온도가 오르내리는 동물을 이릅니다. 그래서 추운 겨울에는 바깥 온도에 따라 몸의 온도가 낮아져서 움직이지 못하고 겨울잠을 자지요. 도마뱀은 다리가 모두 네 개인데 다리마다 발가락이 다섯 개씩 달려 있어요. 온몸은 딱딱한 비늘로 덮여 있지요. 비늘은 몸속에 있는 물기가 빠져 나가지 못하도록 살갗이 딱딱하게 바뀐 것이랍니다. 움직일 때는 배를 땅에 대고 엎드린 다음에 네 다리로 몸을 끌고 다닙니다.

　　도마뱀은 마른 모래땅이나 돌 밑이나 개울가 덤불 속에서 많이 삽니다. 낮에는 돌 틈에서 쉬다가 밤이 되면 먹이를 찾아다니지요. 먹이로는 곤충, 지렁이, 거미 따위를 잡아먹습니다. 도마뱀은 몸 색깔이나 무늬가 둘레와 비슷해서 눈에 잘 안 띄지요. 또 몸집이 날씬하고 몸놀림이 재빨라서 풀숲이나 구멍 속으로 쉽게 도망갈 수 있어요. 그래도 적에게 잡히면 스스로 꼬리를 끊고 도망을 칩니다. 꼬리가 끊어진 곳에서는 예전과 똑같이 새 꼬리가 자라나지요.

　　도마뱀은 여름에 8~9개의 흰 알을 낳는다고 합니다. 알은 튼튼한 껍질로 덮여 있지만 물기가 마르면 죽어 버려요. 그래서 흙속이나 돌 밑처럼 축축하고 온도가 잘 안 바뀌는 곳에 알을 낳지요.

분류 파충류
사는 곳 바위나 돌 틈, 개울가 덤불에서 산다.
좋아하는 먹이 지렁이, 거미, 곤충
알 여름에 8~9개 낳는다.

돼지

1997년 11월

돼지는 고기를 먹으려고 집에서 기르는 젖먹이동물입니다. 돼지의 조상은 산에 사는 멧돼지예요. 사람이 기르기 시작한 것은 9,000년쯤 전부터라고 합니다. 돼지는 먹성이 좋아서 아무거나 잘 먹어요. 살이 빨리 찌고 몸집도 부쩍부쩍 잘 자라지요. 얼마 전까지만 해도 구정물이나 음식 찌꺼기를 먹여서 길렀는데, 요즘은 사료를 먹여서 기르는 곳이 많습니다.

돼지는 멧돼지 때 버릇이 아직도 많이 남아 있습니다. 냄새도 잘 맡고 귀도 밝아요. 냄새만 맡고도 주인인지 아닌지 알아내고, 제 새끼와 남의 새끼도 가려내지요. 짝짓기 할 때도 냄새를 맡고 암수를 알아보지요.

돼지는 낮에 많이 움직입니다. 하루 가운데 가장 움직임이 많은 때는 아침 6~10시, 오후 3~6시인데, 하루 종일 먹는 데만 시간을 보내요. 길고 뭉툭한 코를 킁킁거리면서 먹이를 찾습니다. 코로 땅을 파기도 하지요. 사람들은 냄새를 잘 맡는 돼지의 힘을 이용해서 버섯을 찾아내기도 합니다. 돼지는 코 둘레에 땀샘이 있지만, 땀을 흘리지는 않아요. 날이 더우면 흙탕물에 뒹굴어서 몸에 진흙을 묻힙니다. 진흙이 마르면서 몸을 식힐 수 있으니까요.

분류 포유류 소목 멧돼지과
다른 이름 꿀꾸리, 대지, 도아지, 돗, 되아지
사는 곳 집에서 기른다.
좋아하는 먹이 아무거나 잘 먹는다.
새끼 한배에 열 마리쯤 낳는다.

두더지

1998년 1월 자연사박물관

두더지는 땅속에서 사는 젖먹이동물입니다. 땅속에서 살기 때문에 눈이 어두운 대신에 귀가 밝고, 냄새를 잘 맡아요. 사람이 오면 멀리서도 발자국 소리를 듣고 땅속으로 잽싸게 숨어 버리지요. 생김새도 굴을 파고 다니기 쉽도록 원통처럼 둥글고 길게 생겼어요. 새카만 털은 아주 부드럽고 윤이 나는데, 한 올 한 올 바로 서 있어서 앞으로 가거나 뒤로 가거나 걸리지 않아요. 그래서 좁은 굴에서도 쉽게 움직일 수 있답니다. 앞발은 삽처럼 생겼는데 낫처럼 생긴 튼튼한 갈고리발톱이 있어서 흙을 파기에 좋습니다.

두더지는 땅속에 굴을 파고 다니면서 먹이를 찾습니다. 낮에는 땅속 깊이 들어가 있다가 밤이나 이른 아침에 땅굴을 파면서 다니지요. 굴을 팔 때는 앞발로 흙을 푸석푸석하게 하고, 뒷발로는 파낸 흙을 차 내면서 앞으로 나간답니다. 그래서 흙더미가 쌓여 있는 것을 보고 두더지가 가까이 살고 있다는 것을 알아내지요. 이렇게 파낸 굴의 길이가 100m가 넘는 것도 있다고 해요. 굴속에는 먹이 창고와 새끼를 낳아 기르는 방이 따로 있습니다. 짝짓기는 3~4월에 하고 4~6월에 2~6마리의 새끼를 낳아요. 먹이로는 지렁이나 땅강아지나 달팽이를 잘 잡아먹는데 하루에 50~60마리나 먹어 치우지요. 자기 몸무게만큼 먹는 셈입니다.

분류 포유류 식충목 두더지과
다른 이름 두데기, 두제기, 뒤지기, 두레기
사는 곳 푸실푸실하고 축축한 땅속에서 산다.
좋아하는 먹이 지렁이, 굼벵이, 땅강아지 따위
새끼 4~6월에 2~6마리를 낳는다.

말

1993년 11월

말은 매우 잘 달리는 젖먹이동물이에요. 발가락 끝이 단단한 발굽으로 덮여 있지요. 아주 오랜 옛날에는 잡아먹으려고 말을 길렀다고 합니다. 지금도 말고기를 먹는 나라가 꽤 있어요. 그러다가 차츰 여러 가지 쓸모에 맞게 말을 길러 왔지요. 짐 나르기, 타고 다니기, 일 시키기, 경기에 내보내기 같은 여러 쓸모 때문에 길러 왔는데 요즘은 기계가 발달하여 차츰 말이 할 일이 줄어들고 있어요.

우리나라에는 오랜 옛날부터 제주도에서 길러 온 조랑말이 있습니다. 조랑말은 다리가 짧아 걸음 폭이 좁아도 허리와 다리가 튼튼해서 힘이 세지요. 참을성도 많아서 오래 걷거나 달려도 지칠 줄을 모릅니다. 게다가 사람의 말을 아주 잘 알아듣는 영리한 짐승이에요.

무리 지어 사는 말들은 우두머리 자리를 서로 차지하려고 수컷끼리 싸움을 벌입니다. 우두머리가 되어야 마음대로 짝을 차지할 수 있으니까요. 싸움에서 이긴 수말은 암말 둘레를 뛰어다니기도 하고 잇몸을 드러내면서 '히힝' 하고 울기도 합니다. 짝짓기를 하자는 뜻이지요. 암말은 짝짓기가 끝나고 330일이 지나면 망아지를 낳습니다. 망아지는 3~5년을 어미 말과 함께 살다가 그 뒤에는 무리 속에 섞여 삽니다.

분류 포유류 말목 말과
다른 이름 몰, 모리, 마리
사는 곳 동물원이나 목장에서 기른다. 조랑말은 제주도에서 산다.
좋아하는 먹이 풀이나 곡식 따위
새끼 한 해에 한 마리 낳는다.

멧돼지

1997년 9월

멧돼지는 깊은 산에서 무리 지어 사는 젖먹이동물입니다. 목은 짧고 굵으며 몸통은 뻣뻣한 털로 덮여 있어요. 긴 주둥이 끝에 콧구멍이 있어서 앞다리를 구부리지 않고도 흙속까지 냄새를 맡아 먹이를 찾아낼 수가 있지요. 수컷은 턱 양쪽에 위쪽으로 솟은 긴 송곳니가 있어요. 송곳니는 점점 길게 자라는데 어찌나 날카로운지 질긴 나무뿌리도 잘라 냅니다. 땅을 파거나 적과 싸울 때도 쓰지요.

멧돼지는 숲이 우거진 산에서 무리를 지어 삽니다. 잠자리는 따로 없이 풀이 많은 곳에 땅을 파고 나뭇잎을 깔고 잔답니다. 먹이로는 도토리, 버섯, 나무뿌리, 고구마 따위를 좋아하지만 토끼나 들쥐 같은 작은 짐승부터 뱀이나 냇가의 물고기까지 아무거나 닥치는 대로 먹어 치우지요. 밤새 산비탈에 있는 고구마밭, 감자밭, 옥수수밭을 마구 파헤쳐 놓기도 합니다.

멧돼지는 해마다 4월에서 5월에 4~12마리씩 새끼를 낳아 기릅니다. 새끼는 몸통에 진한 갈색 줄무늬가 있는데, 자라면서 점점 줄무늬가 없어지고 털색도 갈색이나 검은색으로 바뀌지요. 새끼 멧돼지들은 두세 달 동안 어미 젖을 먹고 자라는데, 여섯 달쯤 지나면 혼자서도 사냥을 합니다.

분류 포유류 소목 멧돼지과
다른 이름 산돼지, 산대지, 맷되아지
사는 곳 깊은 산에서 산다. 마을에 내려오기도 한다.
좋아하는 먹이 도토리, 나무줄기, 뿌리, 지렁이, 곤충 따위
새끼 봄에 4~12마리 낳는다.

박쥐

관박쥐 1998년 1월 자연사박물관

박쥐는 날아다니는 젖먹이동물입니다. 어두운 곳에서 살기 때문에 눈은 어둡지만 귀는 아주 밝아요. 박쥐는 소리를 내서 그 소리가 다른 것에 부딪혀 되돌아오면 그 소리를 듣고 무엇이 있는지 알 수 있어요. 무엇이 있는지 뿐 아니라 크기나 생김새나 움직임도 알아내지요. 박쥐가 내는 소리를 초음파라고 하는데, 초음파는 사람 귀에는 들리지 않아요. 박쥐는 이 초음파를 듣기 위해서 귀가 복잡하게 발달했습니다.

박쥐는 동굴이나 늙은 나무 구멍이나 빈집 지붕 밑 같은 곳에서 삽니다. 낮에는 어두운 곳에서 천장에 거꾸로 매달려 잠을 자다가 밤이 오면 먹이를 잡으러 날아다니지요. 겨울에는 동굴 속에서 겨울잠을 자요. 6~7월에 새끼를 낳는데, 새끼들은 혼자서 살 수 있을 때까지 어미 젖을 먹고 자랍니다.

박쥐는 종류에 따라서 먹이가 다르지만 모기나 나방 같은 곤충을 잡아먹는 것이 가장 많아요. 하룻밤에 자기 몸무게의 3분의 1이 넘는 곤충을 먹어 치우지요. 그 밖에도 과일을 먹고 사는 과일박쥐, 꽃에 있는 꿀을 먹는 꽃박쥐, 작은 쥐를 잡아먹는 유령박쥐, 동물의 피를 먹는 흡혈박쥐 같은 여러 가지 박쥐가 있지요.

분류 포유류 박쥐목
다른 이름 박지, 박찌, 복쥐, 빨쥐, 뿔쥐
종류 관박쥐, 우수리박쥐, 큰수염박쥐
사는 곳 동굴이나 나무 구멍이나 돌 틈에 산다.
좋아하는 먹이 모기, 나방, 딱정벌레, 파리 따위
새끼 6~7월에 한 마리 낳는다.

뱀

꽃뱀 1994년 5월

뱀은 우리나라에서 사는 파충류 가운데서 가장 종류가 많습니다. 크게 독이 있는 뱀과 독이 없는 뱀으로 나누지요. 살모사처럼 독이 있는 뱀은 머리 생김이 거의 세모꼴이고, 구렁이처럼 독이 없는 뱀은 머리 생김이 둥그스름하지요. 살모사는 구렁이보다 길이도 짧고 몸도 가늘어요.

뱀은 다리가 없기 때문에 물속에서 헤엄칠 때나 뭍에서 기어 다닐 때 늘 S 자를 그리면서 나아갑니다. 도마뱀처럼 살갗이 온통 딱딱한 비늘로 덮여 있어요. 비늘은 딱딱해서 늘어나지 않기 때문에 몸집이 커지면 껍질을 벗어야 하지요. 산길을 가다 보면 바위틈이나 풀숲에 뱀이 벗어 놓은 비늘 껍질이 보일 때도 있답니다.

뱀은 눈도 귀도 어둡기 때문에 혀로 냄새를 맡아서 먹이를 찾아냅니다. 또 적이나 짝이 다가오는지 따위도 알아내지요. 도마뱀의 혀도 같은 구실을 해요. 뱀은 자기보다 훨씬 크고 뚱뚱한 먹이도 통째로 삼킬 만큼 입을 크게 벌릴 수 있답니다.

뱀들은 거의 알을 낳지만 우리나라에서 사는 살모사 종류는 새끼를 낳습니다. 겨울이 되면 땅속이나 돌 틈을 파고 들어가서 겨울잠을 자지요.

분류 파충류
다른 이름 배암, 진대, 구리
종류 꽃뱀, 구렁이, 능구렁이, 실뱀, 살모사 따위
사는 곳 들이나 산에 산다.
좋아하는 먹이 개구리, 쥐, 새, 새알
알 한 해에 한 번, 열 개쯤 낳는다.

사자

1997년 5월 서울 능동 어린이대공원

사자는 고양이과에 딸린 젖먹이동물입니다. 옛날에는 유럽에서도 많이 살았다는데, 지금은 아프리카나 인도에서 볼 수 있지요. 수컷은 목에 갈기가 있고 암컷은 없어요. 갈기는 몸집을 더 커 보이게 하려고 달렸다고 해요. 갈기가 더 작은 쪽은 싸우기 전에 물러나기도 한답니다. 다른 사자와 싸울 때 날카로운 발톱이나 송곳니로부터 살갗을 지키는 구실도 하지요.

사자는 무리를 이루고 살아요. 사자 무리에는 우두머리 수사자가 한 마리씩 있어요. 수사자는 텃세권을 지키는 일을 하지요. 사자는 오줌과 울부짖음으로 자기들의 삶터를 알립니다. 사냥은 암사자가 맡아서 합니다. 낮에는 자거나 쉬거나 하다가 어두워질 무렵부터 먹이를 찾아 나서지요. 먹이를 쫓을 때는 한 시간에 80km까지 달릴 수 있어요. 암사자들은 여러 마리가 부채꼴로 퍼져서 먹이를 에워쌉니다. 이렇게 힘을 모아도 사냥감을 잡는 것은 네 번에 한 번 꼴이라고 해요.

암사자는 한 해에 한 번 두세 마리씩 새끼를 낳아요. 새끼는 난 지 석 달이 면 어미 젖을 떼고 고기를 먹을 수 있지요. 젖을 먹일 때는 무리 속에 있는 다른 암컷의 새끼에게도 젖을 줍니다.

분류 포유류 식육목 고양이과
사는 곳 동아프리카 초원에 산다. 동물원에서 기르기도 한다.
좋아하는 먹이 얼룩말, 기린, 영양, 물소, 사슴 따위
새끼 한배에 두세 마리 낳는다.

산양

1998년 1월 자연사박물관

산양은 우리나라에 사는 야생 염소입니다. 소목에 딸린 젖먹이동물이지요. 소목은 발굽이 두 개라는 뜻으로 '우제목'이라고 부르기도 해요. 산양은 천연기념물로 정해서 보살피고 있지만, 지금은 강원도에 있는 높은 산이나 휴전선 언저리 깊은 골짜기에서 몇 마리가 살고 있을 뿐이라고 합니다.

생김새는 염소를 닮았는데 몸매가 좀 더 굵어요. 울음소리는 염소와 비슷하지요. 털은 회색빛인데 거뭇한 등줄이 길게 나 있습니다. 이마에는 검고 억센 뿔이 활처럼 뒤로 뻗어 있지요. 뿔에는 고리로 된 돌기가 여러 개 새겨져 있어요. 다 자란 산양은 뿔 길이만 해도 20cm가 넘는다고 합니다. 발굽은 발을 디딜 곳이 얼마나 굳은지에 따라서 마음대로 벌리거나 오므릴 수 있지요.

산양은 깎아지른 듯한 절벽이나 가파른 바위 위에 살아요. 여름에는 바위 아래로 내려오기도 하는데, 겨울에는 산꼭대기에서 내려오는 일이 드물지요. 먹이로는 도토리를 좋아하는데, 겨울에는 푸른 조릿대잎이나 바위에 낀 이끼를 먹고 산답니다.

산양은 9~10월에 짝짓기를 해서 이듬해 5~6월에 새끼를 낳습니다. 한 번에 낳는 새끼는 한 마리나 두 마리예요. 새끼는 난 지 1주일이 지나면 뿔이 1mm쯤 돋아난답니다.

분류 포유류 소목 산양과
사는 곳 높은 산 바위가 많은 곳에서 산다.
좋아하는 먹이 조릿대, 이끼, 도토리 따위
새끼 5~6월에 한 마리 낳는다.

소

1993년 11월 경북 청송

소는 사람에게 많은 도움을 주는 집짐승입니다. 소의 조상은 들소인데 사람들이 우리에 가두어 기른 지가 만 년 남짓 되었다고 해요. 우리나라에서는 농사를 짓기 시작한 삼한 시대부터 길렀다고 합니다. 소는 논밭을 갈거나 달구지를 끌어 주던 고마운 짐승이지요.

우리나라 토박이 소는 한우라고도 불러요. 한우는 외국에서 들여온 다른 소에 견주어서 끈기도 있고 힘도 세답니다. 성질도 온순하고 잔병치레도 잘 안 하지요. 옛날에는 집집이 외양간을 지어 두고 한두 마리씩 길렀답니다. 여름에는 싱싱한 풀을 먹이고 겨울에는 콩깍지나 짚 같은 마른풀을 푹 삶아서 먹였어요. 논밭을 가는 것처럼 고된 일을 하는 날은 콩이나 쌀겨를 듬뿍 주어서 힘이 나게 했어요. 요즘은 농기계가 발달해서 소의 도움으로 농사를 짓는 집이 드물어요. 그래서 젖을 짜는 얼룩소나 몸집이 뚱뚱한 고기소가 많아졌지요.

우리나라 토박이 소는 털이 불그스름한 갈색을 띱니다. 암소나 황소나 모두 뿔이 있지요. 그런데 황소가 몸집도 크고 뿔도 더 억세요. 암소는 두 살쯤 되면 새끼를 칠 수 있습니다. 새끼를 밴 지 280일쯤 지나면 송아지가 태어나요. 송아지는 젖을 먹고 자라다가 서너 달쯤 지나면 풀을 먹기 시작하지요.

분류 포유류 소목 소과
다른 이름 세, 쇠, 쉐
사는 곳 집에서 기른다.
좋아하는 먹이 풀, 콩깍지, 볏짚, 옥수숫대 따위
새끼 한배에 한 마리 낳는다.

수달

1997년 8월 경북 봉화

수달은 족제비 무리에 딸린 젖먹이동물입니다. 물을 아주 좋아해서 골짜기나 물가에서 살아요. 생김새도 물에서 살기에 알맞게 생겼어요. 몸은 가늘고 꼬리는 둥근데 끝으로 갈수록 가늘어지지요. 다리는 짧고 발가락에는 물갈퀴가 있어서 헤엄을 아주 잘 치지만 땅에서는 빨리 달리지 못하지요. 눈도 밝고 작은 소리나 냄새만으로도 먹이를 알아냅니다. 몸뚱이는 털로 덮여 있지만 물에 흠뻑 젖어도 부르르 떨기만 하면 물기를 남김없이 털어 낼 수 있어요.

수달은 짝짓기 철만 아니면 혼자서 살아요. 바위 구멍이나 나무뿌리에 절로 난 구멍에 보금자리를 마련하지요. 발톱이 약해서 땅을 파지는 못한다고 합니다. 낮에는 보금자리에서 쉬다가 밤이면 먹이를 찾아서 나옵니다. 먹이로는 물고기나 게를 잘 먹는데, 여름에는 개구리나 물새도 잡아먹어요. 겨울에도 잠을 자지 않고 얼음장 밑에서 물고기를 잡아먹습니다. 끈기가 있어서 한 번 본 물고기는 끝까지 쫓아가서 잡고야 만다고 해요. 이렇게 잡은 물고기는 물가 기슭에서 먹지요. 물새를 잡을 때는 물 밑에서 물새 다리를 잡고 물속으로 끌어당긴다고 해요. 그러다가 적이 오면 물속으로 깊이 숨어 버려요. 얼마나 감쪽같이 숨는지 잔물결 하나도 일으키지 않는다고 합니다.

분류 포유류 식육목 족제비과
다른 이름 물개
사는 곳 깊은 산골짜기 물가에 산다.
좋아하는 먹이 물고기, 게, 새우, 개구리, 물새 따위
새끼 봄에 1~4마리 낳는다.

얼룩말

1997년 4월 경기도 과천 서울대공원

얼룩말은 발굽이 통굽으로 되어 있는 젖먹이동물입니다. 말목에 딸려 있는데, 통굽을 지닌 동물이라고 '기제목'이라고 부르기도 하지요. 얼룩말은 집말과 달리 몸에 얼룩무늬가 있고 갈기가 서 있어요. 본디 아프리카 넓은 풀밭에서 사는데, 여러 나라에서 동물원에 가두어서 기르기도 하지요. 우리나라에서도 여러 동물원에서 기르고 있어요. 얼룩말 종류로는 서배너얼룩말, 산얼룩말, 그레비얼룩말이 있지요. 같은 아프리카라도 얼룩말 종류에 따라서 사는 곳이 달라요. 몸에 난 줄무늬도 저마다 다르지요.

얼룩말은 풀이나 벼과 식물을 잘 먹습니다. 나무껍질이나 나뭇잎, 열매나 뿌리도 먹지요. 얼룩말도 소처럼 되새김위를 지니고 있어요. 그래서 햇볕이 뜨거운 곳에서 얼른 먹이를 먹고는 서늘한 그늘 아래로 와서 되새김질을 할 수 있습니다. 서늘한 곳에서는 얼룩말의 피를 빨아 먹는 체체파리의 공격도 한결 덜하니까요. 얼룩말은 기린이나 영양과 같은 동물과 곧잘 어울려 살아갑니다. 함께 어울려 살면서 풀을 나눠 먹기도 하고 적이 나타나면 서로 알려 주기도 하지요.

얼룩말은 보통 수컷 한 마리와 암컷 두세 마리가 새끼를 거느리고 무리를 이루어 삽니다. 새끼는 3년에 한 번씩 낳지요.

분류 포유류 말목 말과
사는 곳 아프리카 풀밭에 산다. 동물원에서도 기른다.
좋아하는 먹이 풀, 나뭇잎, 나무껍질, 열매 따위
새끼 한배에 한 마리 낳는다.

여우

1998년 1월 자연사박물관

여우는 개과에 딸린 동물 가운데서 몸집이 가장 작은 동물입니다. 여우 무리는 온 세계에 걸쳐서 살고, 꾀가 아주 많습니다. 먹이를 몰래 훔치는가 하면 남의 먹이를 빼앗아 달아나기도 하지요. 굴도 스스로 파지 않고 오소리 같은 다른 동물의 굴을 뺏어서 삽니다. 여우는 50년 전까지만 해도 우리나라 산 어디서나 쉽게 볼 수 있었대요. 깊은 산보다는 들판 가까이 있는 나지막한 산에서 많이 살았다지요. 공동묘지에서는 낮에도 볼 수 있을 정도로 많았다고 해요. 하지만 지금은 살아남은 것이 거의 없을 정도로 줄어들었어요.

여우는 아무거나 잘 먹습니다. 토끼, 쥐, 새, 물고기에 곤충이나 지렁이까지 가리지 않고 먹어요. 썩은 고기도 마다하지 않지요. 당장 먹지 않아도 되는 먹이는 배고플 때 먹으려고 숨겨 두기도 합니다. 한번 숨겨 둔 곳은 잊어버리지 않고 잘 기억합니다.

여우는 암수 한 쌍이 살기도 하지만 수컷 한 마리가 암컷 여러 마리를 거느리기도 합니다. 이렇게 무리 지어 살 때는 냄새로 표시를 해서 다른 여우가 자기네 터로 들어오지 못하도록 합니다. 여우는 똥구멍에서 심한 노린내를 내뿜는데, 이 냄새를 자기들이 사는 풀숲에 바르지요.

분류 포유류 식육목 개과
다른 이름 야시, 얘수, 여끼, 여수, 여호
사는 곳 마을 가까운 산속에서 산다.
좋아하는 먹이 멧토끼, 쥐, 두더지 따위
새끼 봄에 3~6마리를 낳는다.

염소

1994년 9월 경기도 용인 에버랜드

염소는 온 세계에 널리 퍼져 있는 집짐승입니다. 산에서 살던 것을 길들여 길러 왔기 때문에 지금도 평평한 땅보다는 가파른 산비탈이나 바위가 많은 곳을 좋아합니다. 염소는 수컷뿐만 아니라 암컷도 수염이 자랍니다. 태어난 지 석 달쯤 지나면 수염이 나기 시작해요. 또 암컷 수컷 모두 뿔이 돋아납니다. 태어난 지 스무 날쯤 지나면 뿔 나올 자리가 딱딱해지면서 뾰족한 뿔이 나오기 시작하지요. 이때쯤 되면 젖만 먹던 새끼가 풀을 뜯어 먹기 시작합니다.

  염소는 풀이나 나뭇잎을 잘 먹는데 칡넝쿨을 매우 좋아합니다. 그래서 몸이 아프거나 새끼를 낳은 지 얼마 안 된 염소에게는 칡을 준답니다. 종이도 잘 먹어요. 염소는 깨끗한 것을 무척 좋아해서 누가 밟거나 떨어져서 더러워진 풀은 먹지 않아요. 또 독이 있는 풀을 먹지 않기 때문에 오월 단옷날까지 염소가 먹는 풀은 사람이 먹어도 된다는 말까지 있지요. 염소는 소나 양처럼 되새김질을 하지요. 되새김질은 먹었던 것을 다시 내어 씹는 것을 말합니다.

  염소의 수컷은 짝짓기 할 때가 오면 오줌을 자기 몸에 뿌리고 누가 더 힘이 센가 겨루지요. 우두머리가 된 염소는 다른 수컷은 얼씬도 못하게 하고 많은 암컷과 짝짓기를 합니다. 가을에 짝짓기를 한 어미 염소는 다섯 달쯤 뒤에 새끼를 두 마리쯤 낳아요.

분류 포유류 소목 소과
다른 이름 넘소, 맴새이, 얌새이, 염새이
사는 곳 풀밭이나 산비탈에 놓아 기른다.
좋아하는 먹이 풀잎, 나뭇잎 따위
새끼 한배에 1~3마리를 낳는다.

오소리

1998년 1월 자연사박물관

오소리는 족제비과에 딸린 동물로, 성질이 아주 사나워요. 목이 굵고 머리는 세모꼴이며, 털은 우중충한 갈색이지요. 언뜻 보기에는 너구리와 비슷하지만 몸집이 더 크지요. 앞발은 길고 발에는 갈고리처럼 생긴 날카로운 발톱이 있어서 굴을 파는 재주가 뛰어납니다.

오소리는 숲이 우거진 언덕이나 비탈진 곳, 돌이 많은 곳에 굴을 팝니다. 가운데는 넓은 방이 있고, 6~7개의 길을 만들어서 다른 방이나 바깥으로 드나들 수 있도록 하지요. 깨끗한 것을 좋아해서 굴을 늘 깨끗이 청소하는 버릇이 있습니다. 똥오줌도 굴속에서 누지 않고, 자기가 다니는 길 한곳에 장소를 정해 두고 누지요. 먹이는 나무 열매나 벌레나 쥐 따위를 가리지 않고 다 잘 먹습니다. 낮에는 굴속에서 쉬다가 밤에 먹이를 찾아 나오지요. 겨울에는 겨울잠을 자는데, 날씨가 좋으면 밖으로 나와 물을 마시기도 해요.

오소리는 7~9월에 짝짓기를 하고, 다음 해 2~5월에 새끼를 낳습니다. 암수 모두 텃세권을 표시할 때 똥구멍에서 고약한 냄새를 뿜어 냅니다. 자기 식구를 만나면 옆구리나 엉덩이에 똥구멍을 서로 비벼 냄새를 바르지요. 모르는 오소리끼리 만나면 서로 덤벼 싸웁니다. 오소리는 크게 놀라거나 무서우면 죽은 시늉을 하고 가만히 있다가 틈을 엿보아 도망치는 버릇이 있지요.

분류 포유류 식육목 족제비과
다른 이름 오수리, 오시리
사는 곳 산속에 땅굴을 파고 산다.
좋아하는 먹이 나무 열매, 개구리, 쥐, 곤충 따위
새끼 2~5월에 3~5마리를 낳는다.

원숭이

일본원숭이 | 1997년 5월 경기도 과천 서울대공원

원숭이는 유인원이나 사람과 함께 영장류에 딸린 젖먹이동물입니다. 침팬지나 고릴라나 오랑우탄같이 우리가 잘 아는 종류를 비롯해서 온 세계에 179가지가 살고 있지요. 몸무게가 80g밖에 안 되는 애기여우원숭이부터 200kg이 넘는 고릴라까지 크기도 저마다 다릅니다. 원숭이는 대부분 열대와 아열대 지방에 몰려 살지요. 과일이나 새싹이나 곤충 같은 먹이를 먹고 살기 때문에 한대나 온대 지방에서는 먹이를 찾기 어렵지요. 일본원숭이와 히말라야원숭이는 일본 북쪽 지방의 눈이 많이 오는 곳이나 히말라야같이 추운 곳에서 사는 색다른 원숭이들입니다. 우리나라에서는 동물원에 가야 볼 수 있지요.

영장류는 다른 어떤 젖먹이동물보다도 복잡하고 진화한 머리를 갖고 있기 때문에 고등동물로 칩니다. 또 다른 동물과 달리 손으로 물건을 들거나 쥘 수 있어요. 사람 손처럼 엄지손가락이 나머지 네 손가락과 마주 보게 붙어 있기 때문이지요. 손가락 하나하나를 따로 움직일 수도 있어요.

원숭이는 한 번에 새끼를 한 마리씩 낳아요. 새끼를 배는 기간은 종류에 따라서 다르지요. 어미 원숭이는 사람 못지않게 새끼를 정성껏 돌봅니다.

분류 포유류 영장목
다른 이름 언새이, 원새이, 원수이, 나비, 잔나비
종류 긴팔원숭이, 침팬지, 붉은털원숭이, 일본원숭이 따위
사는 곳 열대와 아열대 지방에 많이 산다. 동물원에서도 기른다.
좋아하는 먹이 나무 열매, 곤충, 도마뱀 따위
새끼 한배에 한 마리 낳는다.

족제비

1998년 1월 자연사박물관

족제비는 족제비과에 딸린 젖먹이동물입니다. 고기만 먹기 때문에 이가 억세고 날카롭지요. 몸이 길고 가늘어서 어디든지 쉽게 빠져 나갈 수 있습니다. 몸놀림도 아주 빠릅니다. 꼬리는 몸길이의 반이 넘을 만큼 길지요. 털은 부드럽고도 질겨서 붓으로 만들어 썼습니다. 털색은 밝고 누런 갈색인데 여름털이 겨울털보다 진하지요.

족제비는 마을 가까운 들판이나 냇가의 큰 돌 밑에 구멍을 파고 삽니다. 겨울에는 마을로 내려와 집 가까이 오기도 하지요. 밤에 나다니는 것을 좋아하지만 낮에도 잘 돌아다닙니다. 나무에도 잘 올라가고 헤엄도 잘 쳐요. 성질이 무척 사나워서 길을 가다가 먹이가 되는 동물을 만나면 사정없이 물어 죽입니다. 먹이로는 들쥐나 뱀이나 개구리 따위를 잡아먹고 살지요. 그 가운데서도 쥐를 특히 잘 잡아먹어요. 족제비가 살면 둘레에 있는 쥐가 사라진다고 할 만큼 쥐를 잘 잡습니다. 가끔 몰래 닭장을 뚫고 병아리를 물어 가기도 하지만 이렇게 쥐를 잡아 주기 때문에 도움이 되기도 하지요.

족제비 수컷은 사는 터를 정해 놓고, 암컷 여러 마리와 짝짓기를 합니다. 새끼는 봄에 2~10마리 낳아요. 새끼는 암컷이 혼자 기릅니다. 족제비는 똥구멍 양쪽에 팥알 크기만한 똥구멍샘이 있어요. 적이 다가오면 똥구멍샘에서 고약한 냄새를 피우지요.

분류 포유류 식육목 족제비과
다른 이름 족, 쪽지비, 쪽째비
사는 곳 마을이나 시냇물 가까이 산다.
좋아하는 먹이 쥐, 토끼, 새, 개구리, 곤충 따위
새끼 봄에 2~10마리 낳는다.

쥐

등줄쥐 1997년 10월 강원도 양양 구룡령

쥐는 가지도 많고 수도 많아서 젖먹이동물 가운데 4분의 1이나 차지합니다. 집 둘레에 사는 쥐로는 생쥐, 시궁쥐, 곰쥐 따위가 있고, 들쥐로는 등줄쥐, 대륙밭쥐, 비단털쥐, 갈밭쥐, 멧밭쥐 따위가 있습니다. 이런 쥐들은 곡식을 먹어 치워서 손해를 입힐 뿐 아니라 나쁜 병을 옮기기 때문에 사람에게 해를 끼치기도 합니다. 유행성출혈열이니 흑사병이니 하는 병들은 쥐가 옮기는 무서운 전염병이지요.

　쥐는 귀도 밝고 냄새도 잘 맡습니다. 코 언저리에 난 수염으로 둘레에 무엇이 있는지를 알아내지요. 밤에 돌아다닐 때는 벽에 가까이 붙어서 수염을 벽에 대고 돌아다니지요. 눈먼 사람이 지팡이를 짚고 다니는 것과 같아요.

　쥐는 크고 억센 앞니가 있어서 무엇이든지 잘 먹습니다. 곡식이나 열매를 좋아하지만, 집쥐는 사람이 먹는 것을 모두 먹습니다. 앞니가 줄곧 자라기 때문에 딱딱한 것이 눈에 띄면 무엇이든지 갉아서 이빨이 더 자라지 않도록 합니다. 전깃줄의 겉껍질이나 책 같은 것을 갉아서 못쓰게 하기도 합니다. 쥐나 다람쥐 같은 쥐 무리의 동물은 모두 이런 버릇을 지니고 있어요.

　집쥐는 한 해에 6~7번이나 새끼를 쳐요. 한 번에 낳는 수도 6~9마리나 되지요.

분류 포유류 쥐목
다른 이름 새앙쥐, 생쥐, 서생원, 지, 찌
사는 곳 산이나 들판이나 집 둘레에 산다.
좋아하는 먹이 곡식, 채소, 생선 따위
새끼 한 해에 여러 번 6~9마리씩 낳는다.

코끼리

1997년 4월 경기도 과천 서울대공원

코끼리는 땅 위에 사는 동물 가운데 몸집이 가장 큰 젖먹이동물입니다. 코가 아주 길다고 코끼리라는 이름이 붙었지요. 인도나 아프리카에서 무리를 지어 살고 있습니다. 우리나라에서는 동물원에서 기르고 있어요. 몸집이 커서 밤낮없이 먹이를 찾고 먹습니다. 큰 것은 한 마리 무게가 5톤이 넘는다는데, 코끼리 한 마리가 하루에 먹는 풀만 해도 100~200kg이나 된다고 합니다.

  코끼리는 코로 많은 일을 합니다. 물도 마시고, 모래를 끼얹어서 미역도 감고, 사랑을 나타내거나 인사도 하지요. 이렇게 코의 쓰임새가 크기 때문에 위험을 느끼면 코를 안으로 돌돌 말아서 몸에 찰싹 붙여 지켜요. 살갗은 두텁지만 데거나 멍들거나 벌레에 물리면 쉽게 헐기 때문에 진흙 목욕을 즐겨 합니다. 진흙은 뜨거운 햇볕을 막아 주기도 하고 몸에 붙은 벌레들을 없애 주기도 하니까요.

  코끼리는 식구끼리 무리를 지어 삽니다. 암컷이 새끼들과 무리를 이루고 수컷은 따로 떨어져 살아요. 그래서 무리에서 우두머리는 늘 암컷이지요. 코끼리는 오래 사는데, 죽기 전까지 몸집이 자라기 때문에 우두머리가 나이도 가장 많고 몸집도 가장 크고 힘도 가장 셉니다. 새끼 코끼리는 어미 배 속에서 두 해 가까이 자랍니다. 어미는 5년에 한 번 새끼 한 마리를 낳지요.

분류 포유류 장비목 코끼리과
사는 곳 아프리카와 인도에 산다. 동물원에서도 기른다.
좋아하는 먹이 나뭇잎이나 껍질, 열매, 풀
새끼 한배에 한 마리 낳는다.

토끼

멧토끼 1993년 10월

토끼는 귀가 커서 알아보기 쉬운 젖먹이동물입니다. 나발같이 생긴 큰 귀를 갖고 있지요. 온 세계에 50가지가 넘게 사는데, 우리나라에는 산에서 사는 멧토끼와 집에서 기르는 집토끼가 많이 살지요. 백두산 언저리에서 사는 우는토끼도 있어요.

토끼는 귀가 크고 이리저리 마음대로 움직일 수 있어서 작은 소리도 쉽게 들을 수 있어요. 몸놀림도 재빠르고 걸음도 빠르지요. 특히 뒷다리가 길어서 산 밑에서 산등성이 쪽으로 달아나기에 알맞지요. 큰 멧토끼는 비탈진 산길을 한 시간에 80km까지 뛰어 올라갈 수 있어요. 위험하다고 느끼면 뒷발로 땅바닥을 쳐서 동무들에게 달아나라고 일러 주기도 합니다.

토끼는 맹장이 발달해서 똥을 두 번에 나누어서 눕니다. 처음 눈 똥은 찐득한 물똥인데, 이 똥에는 양분이 많이 들어 있다고 해요. 그래서 그 똥을 다시 먹지요. 그러고 난 뒤에 다시 눈 똥은 동글동글하고 딱딱합니다.

멧토끼는 굴을 파지 않고 풀숲이나 바위 그늘에 숨어 살아요. 먹이로는 풀잎이나 나무 새순을 먹어요. 나무껍질도 먹지요. 멧토끼는 무리를 짓지 않고 홀로 살아갑니다. 새끼는 한 해에 두세 번 치는데 한 번에 낳는 새끼는 2~4마리입니다.

분류 포유류 토끼목 토끼과
다른 이름 태깨이, 토깨이, 퇴끼
사는 곳 낮은 산에 산다. 집에서 기르기도 한다.
좋아하는 먹이 토끼풀, 씀바귀, 아까시나무잎, 배춧잎 따위
새끼 한 해에 여러 번 2~4마리 낳는다.

호랑이

1994년 7월 경기도 용인 에버랜드

호랑이는 고양이과에 딸린 동물 가운데 몸집이 가장 큽니다. 범이라고도 부르지요. 우리나라에서는 백두산 언저리에서만 살고 있어요. 우리나라 호랑이는 시베리아호랑이와 같은 무리예요. 시베리아호랑이는 호랑이 가운데서도 몸집이 가장 커요. 이마에는 왕(王) 자 무늬가 있지요. 꼬리에는 고리 무늬가 8~9개 가로놓여 있어요. 다 큰 호랑이는 무게가 어른 네다섯 명을 보탠 무게와 맞먹습니다.

시베리아호랑이는 한 마리가 차지하는 텃세권이 3,200km^2에 이릅니다. 먹이를 찾아서 하루에 80~90km를 돌아다니는데, 멧돼지나 사슴부터 메뚜기까지 잡아먹습니다. 하루에 9~10kg의 고기를 먹어 치우지요. 배가 몹시 고프거나 잡아먹을 다른 짐승이 없으면 곰처럼 큰 동물을 잡아먹을 때도 있다고 해요. 먼 옛날에는 집짐승을 잡아먹으려고 마을로 내려오기도 했대요.

호랑이는 한 번에 새끼를 두 마리에서 네 마리까지 낳습니다. 새끼를 밴 지 95일에서 112일쯤 되면 새끼를 낳지요. 새끼는 태어난 지 2주쯤 지나면 눈을 뜨고 이빨이 자라기 시작하여 5~6개월이 지나면 젖을 뗍니다. 한 살이 되면 스스로 사냥을 하기 시작하여, 두 살이 되면 아주 큰 먹이도 잡을 수 있어요. 서너 살이 되면 어미 곁을 떠나서 자기 텃세권을 따로 두고 살지요.

분류 포유류 식육목 고양이과
다른 이름 범, 호래이
사는 곳 백두산 같은 아주 깊은 산에서 산다. 동물원에서도 기른다.
좋아하는 먹이 멧돼지, 노루, 산양, 늑대 따위
새끼 한배에 2~4마리 낳는다.

우리 이름 찾아보기

이렇게 찾아보세요.
보기 | 가재 134 : 가재는 134쪽에 있습니다.
　　　개똥벌레 ▶ 반딧불이 78 : 개똥벌레는 78쪽에 있는 반딧불이 항목을 찾아보면 알 수 있습니다.
　　　물갈퀴 ▶ 138, 174, 286, 342 : 물갈퀴라는 낱말은 138쪽, 174쪽, 286쪽, 342쪽을 찾아보면 알 수 있습니다.

가

가오리과 ▶ 홍어 240
가자미 186
가재 134
갈겨니 136
갈매기 250
갈치 188
갑각류 ▶ 물벼룩 68, 가재 134
　　　　 게 194, 따개비 206
　　　　 새우 224, 집게 236
강아지 ▶ 개 304
갓춘탈바꿈 ▶ 22, 38, 46
개 304
개과 ▶ 개 304, 너구리 314
　　　 늑대 318, 여우 346
개구리 138
개구리의 한살이 140
개똥벌레 ▶ 반딧불이 78
개미 24
개미귀신 ▶ 개미 24
갯지렁이 190
거미 26
거북 192
거위벌레 28
게 194
게아재비 30
겨울철새 ▶ 248, 기러기 254
　　　　　 독수리 266, 두루미 268
　　　　　 따오기 270, 백조 278
　　　　　 청둥오리 298
고니 ▶ 백조 278
고둥 ▶ 다슬기 146, 우렁이 170
　　　 소라 228
고등어 196

고래목 ▶ 돌고래 204
고슴도치 306
고양이 308
고양이과 ▶ 고양이 308, 사자 336
　　　　　 호랑이 362
곰 310
공생 ▶ 236
공작 252
관족 ▶ 220, 226
구렁이 ▶ 뱀 334
굴 198
굼벵이 ▶ 풍뎅이 124
귀뚜라미 32
극피동물 ▶ 불가사리 220
　　　　　 성게 226, 해삼 238
금붕어 142
기러기 254
기러기목 ▶ 기러기 254, 백조 278
　　　　　 오리 286, 청둥오리 298
기름도치 ▶ 물방개 66
기린 312
까마귀 256
까마귀과 ▶ 까마귀 256, 까치 258
　　　　　 꾀꼬리 260
까치 258
까투리 ▶ 꿩 262
꽃게 ▶ 게 194
꽃등에 ▶ 등에 50
꾀꼬리 260
꿀벌 34
꿩 262

나

나방 36

나비 38
나비목 ▶ 나방 36, 나비 38, 누에 46
　　　　배추흰나비 82
　　　　쐐기나방 102, 자벌레 108
날도래 40
날치 200
날파리 ▶ 하루살이 128
남생이 ▶ 자라 174
납자루 144
너구리 314
넙치 ▶ 가자미 186
노고지리 ▶ 종다리 294
노래기 42
노루 316
노린재 44
노린재목 ▶ 게아재비 30
　　　　노린재 44, 물자라 70
　　　　물장군 72, 소금쟁이 94
　　　　송장헤엄치게 98
　　　　장구애비 112
논우렁 ▶ 우렁이 170
농어목 ▶ 쏘가리 164, 갈치 188
　　　　고등어 196, 다랑어 202
　　　　조기 234
누에 46
늑대 318

다

다람쥐 320
다랑어(다랭이) 202
다슬기 146
달팽이 48
닭 264
닭목 ▶ 공작 252, 꿩 262, 닭 264
대구목 ▶ 명태 212
도루래 ▶ 땅강아지 52
도마뱀 322
독수리 266
돌고기 148
돌고래(물돼지) 204
돌드레 ▶ 하늘소 126
동갈치목 ▶ 송사리 162, 날치 200

돼지 324
되새김질 ▶ 316, 344, 348
두견새 ▶ 뻐꾸기 284
두꺼비 150
두더지 326
두루미 268
두루미목 ▶ 두루미 268, 뜸부기 274
들쥐 ▶ 쥐 356
등에 50
따개비 206
따오기 270
딱따구리 272
딱정벌레목 ▶ 거위벌레 28
　　　　　무당벌레 62
　　　　　물맴이 64
　　　　　물방개 66
　　　　　바구미 74
　　　　　반딧불이 78
　　　　　사슴벌레 92
　　　　　송장벌레 96
　　　　　쇠똥구리 100
　　　　　풍뎅이 124
　　　　　하늘소 126
땅강아지 52
뜨물 ▶ 진딧물 118
뜸부기 274
뜸북새 ▶ 뜸부기 274

마

말 328
말목 ▶ 말 328, 얼룩말 344
말벌 54
매 276
매미 56
매미목 ▶ 매미 56, 벼멸구 88
　　　　진딧물 118
맹금류 ▶ 올빼미 288
멍게 208
메기 152
메기목 ▶ 메기 152, 퉁가리 176
메뚜기 58
메뚜기목 ▶ 귀뚜라미 32

　　　　　땅강아지 52
　　　　　메뚜기 58, 방아깨비 80
　　　　　베짱이 84, 여치 104
멧돼지 330
멧비둘기 ▶ 비둘기 282
멧토끼 ▶ 토끼 360
며느리발톱 ▶ 262, 264
멸구 ▶ 벼멸구 88
멸치 210
명태 212
모기 60
모래무지 154
무당벌레 62
문어 214
물갈퀴 ▶ 138, 174, 286, 342
물개 216
물돼지 ▶ 돌고래 204
물맴이(물매암이) 64
물방개 66
물벼룩 68
물자라 70
물장군 72
미꾸라지 156
미꾸리 ▶ 미꾸라지 156
민물장어 ▶ 뱀장어 158

바

바구미 74
바퀴 76
박각시 ▶ 나방 36
박쥐 332
반달가슴곰 ▶ 곰 310
반디 ▶ 반딧불이 78
반딧불이 78
방아깨비 80
배다리 ▶ 48, 146, 170
배추벌레 ▶ 배추흰나비 82
배추흰나비 82
백조(고니) 278
뱀 334
뱀장어 158
버마재비 ▶ 사마귀 90

벌 ▶ 꿀벌 34, 말벌 54
벌목 ▶ 개미 24, 꿀벌 34, 말벌 54
범 ▶ 호랑이 362
베짱이 84
벼룩 86
벼메뚜기 ▶ 메뚜기 58
벼멸구 88
변온동물 ▶ 도마뱀 322
병아리 ▶ 닭 264
보구치 ▶ 조기 234
보라매 ▶ 매 276
보호색 ▶ 12, 80, 186
복어 218
부엉이 280
불가사리 220
붕어 160
비둘기 282
뻐꾸기 284
뻐꾹새 ▶ 뻐꾸기 284

사

사랑새 ▶ 잉꼬 290
사마귀 90
사슴과 ▶ 노루 316
사슴벌레 92
사자 336
산돼지 ▶ 멧돼지 330
산양 338
산토끼 ▶ 토끼 360
상어 222
새우 224
생쥐 ▶ 쥐 356
석화 ▶ 굴 198
성게 226
소 340
소금쟁이 94
소등에 ▶ 등에 50
소똥구리 ▶ 쇠똥구리 100
소라 228
소목 ▶ 기린 312, 노루 316, 돼지 324
　　　　　멧돼지 330, 산양 338
　　　　　소 340, 염소 348

송골매 ▶ 매 276
송사리 162
송아지 ▶ 소 340
송장벌레 96
송장헤엄치게 98
쇠똥구리(소똥구리) 100
수달 342
식육목 ▶ 개 304, 고양이 308
　　　　 곰 310, 너구리 314
　　　　 늑대 318, 사자 336
　　　　 수달 342, 여우 346
　　　　 오소리 350, 족제비 354
　　　　 호랑이 362
식충목 ▶ 고슴도치 306, 두더지 326
실베짱이 ▶ 베짱이 84
십장생 ▶ 268
쌀바구미 ▶ 바구미 74
쏘가리 164
쐐기나방 102

아

악어 166
안갖춘탈바꿈 ▶ 22
알지기 ▶ 물자라 70
앵무목 ▶ 잉꼬 290
양서류 ▶ 개구리 138, 두꺼비 150
얼룩말 344
여름철새 ▶ 248, 꾀꼬리 260
　　　　　 뜸부기 274
　　　　　 뻐꾸기 284, 제비 292
여우 346
여치 104
연골 어류 ▶ 홍어 240
연어 168
연체동물 ▶ 달팽이 48, 다슬기 146
　　　　　 우렁이 170, 굴 198
　　　　　 문어 214, 소라 228
　　　　　 오징어 230, 조개 232
　　　　　 홍합 242
염소 348
영장류 ▶ 원숭이 352
오리 286

오소리 350
오징어 230
올빼미 288
올빼미목 ▶ 부엉이 280, 올빼미 288
올챙이 ▶ 개구리 138, 140
우렁쉥이 ▶ 멍게 208
우렁이 170
울음주머니 ▶ 56, 138
원숭이 352
의태 ▶ 108
이 106
잉꼬(사랑새) 290
잉어 172
잉어목 ▶ 갈겨니 136, 금붕어 142
　　　　 납자루 144, 돌고기 148
　　　　 모래무지 154
　　　　 미꾸라지 156, 붕어 160
　　　　 잉어 172, 피라미 180

자

자라 174
자벌레 108
잔나비 ▶ 원숭이 352
잠자리 110
장구벌레 ▶ 모기 60
장구애비 112
장끼 ▶ 꿩 262
절지동물 ▶ 거미 26, 노래기 42
　　　　　 물벼룩 68, 지네 114
　　　　　 가재 134, 게 194
　　　　　 따개비 206, 새우 224
　　　　　 집게 236
점벌레 ▶ 무당벌레 62
젖소 ▶ 소 340
제비 292
조개 232
조기 234
족제비 354
족제비과 ▶ 수달 342, 오소리 350
　　　　　 족제비 354
종다리 294
종달새 ▶ 종다리 294

쥐 356
쥐목 ▶ 다람쥐 320, 쥐 356
지네 114
지느러미 ▶ 132
지렁이 116
진딧물 118
진주담치 ▶ 홍합 242
집게 236
집게다리 ▶ 134, 194, 236
집게벌레 120
집오리 ▶ 오리 286
집파리 ▶ 파리 122

차
참새 296
참새목 ▶ 까마귀 256, 까치 258
꾀꼬리 260, 제비 292
종다리 294, 참새 296
참치 ▶ 다랑어 202
청개구리 ▶ 개구리 138
청둥오리 298
청어목 ▶ 멸치 210
초파리 ▶ 파리 122

카
코끼리 358

타
텃새 ▶ 248, 까마귀 256, 까치 258
꿩 262, 딱따구리 272
매 276, 비둘기 282
올빼미 288, 종다리 294
참새 296
텃세권 ▶ 216, 252, 284, 294, 304
336, 350
토끼 360
퉁가리 176

파
파리 122
파리목 ▶ 등에 50, 모기 60, 파리 122
파충류 ▶ 악어 166, 자라 174

거북 192, 도마뱀 322
뱀 334
편형동물 ▶ 플라나리아 178
풀미끼 ▶ 날도래 40
풍뎅이 124
플라나리아 178
피라미 180

하
하늘소 126
하루살이 128
학 ▶ 두루미 268
해삼 238
해초류 ▶ 멍게 208
호랑나비 ▶ 나비 38
호랑이 362
호박벌 ▶ 꿀벌 34
혼인색 ▶ 136, 144, 148, 180
홍어 240
홍합 242
환형동물 ▶ 지렁이 116
갯지렁이 190
황새목 ▶ 갈매기 250, 독수리 266
따오기 270, 매 276
흰나비 ▶ 배추흰나비 82